大学生・社会人のための
言語技術
トレーニング

三森ゆりか
Yurika Sammori

大修館書店

はじめに

　世界に通用する言語力の基盤としての母語・日本語の重要性は、これまでも指摘されてきました。しかし、そのための具体的な日本語の学習法、並びに指導方法が示されることは滅多にありませんでした。本書では、世界で常識的な母語教育として実施されている言語技術が、国際社会に通用する言語力を持つ日本人の育成にいかに重要であるかを、実践的な課題と共に提示します。

　私が母語教育に言語技術を導入しようと考えたきっかけは、私自身の海外生活体験です。私は父の仕事の都合で、13歳から17歳までの4年間を当時の西ドイツの首都ボンで過ごしました。そこで私は、各国の外交官や新聞記者の子弟の受け入れ指定校だったドイツの中高一貫校に入り、1年間外国人のためのドイツ語の授業を受けた後、年齢相応のドイツ人のクラスに放り込まれました。中学3年生のクラスでした。そこでの授業は全て議論中心で、議論後は必ず小論文の提出が義務づけられていました。私がまず直面した問題は、ある程度ドイツ語ができるようになっても、議論に参加できないことでした。文章を読みながらの議論のやり方がわからなかったからです。それでもなんとか議論を聴き取り、宿題の小論文を提出すると、教師からは「感想はいらない。あなたの考えを論理的に書きなさい」という指示がなされるばかりで、私の書いたものはさっぱり評価されませんでした。4年間、その理由が私にはよく理解できませんでした。一方で、私と同程度のドイツ語しか操れない外国人の友人達は議論に参加し、彼らの小論文は評価されていました。外国人の同級生には、西欧、東欧、バルカン、中近東、アフリカ、オセアニア、北米、南米、アジアなど様々な国の生徒がいました。白人の生徒達と、アフリカ諸国から来た英語やフランス語を話す生徒達、アジア諸

国でも英語を話す国々から来た生徒達が評価される一方で、評価されないのは主に日本人と韓国人でした。当時の私はそれを、アジア人に対する差別と考えていました。授業や小論文で求められていることの本質が理解できなかったため、ドイツ語力もなかなか向上しませんでした。

　ドイツの教育の本質を私がようやく理解できたのは、日本の総合商社での経験を通してでした。日本の大学を卒業後、私は大手総合商社に勤め、東ドイツに工場を建設するチームの一員として働きました。担当する仕事の中に、年に何度か行われる会議の議事録の翻訳（ドイツ語から日本語へ）がありました。この仕事が、私にドイツの教育の本質に開眼するきっかけを与えてくれたのです。議事録の中では、ドイツで劣等生だった私とよく似た日本のエリート達が奮闘していました。母語教育で培われた言語技術を駆使して議論を進める東ドイツ人達に対して日本人が悪戦苦闘をしている様子が、議事録にははっきりと表れていました。日本人の苦戦の原因は、私自身のドイツでの経験と似通っていました。議事録の中で、東ドイツ人達はデータや書類に書かれた事実を分析し、批判的に検討しながら論理的に議論を進めており、日本側の準備が甘いと、たちまちその点を指摘して攻撃していました。議事録を翻訳しながら、私はその議論の様がドイツの授業の進め方とそっくりであること、そういえば議事録の書き方さえ中学で指導されていたことに思い当たったのでした。この商社での経験を通して、ドイツの学校の授業で教員が私に一体何を求めていたのかを、私はようやく明確に悟りました。

　言語技術の指導を開始するにあたり入手したドイツの全学年の「ドイツ語」の教科書は、私の長年の疑問を一気に晴らしてくれました。それらの教科書は、ドイツの母語教育が極めて系統的に行われていることを示していたからです。ドイツでは高校(ギムナジウム)卒業時に大論文の記述が課されます。その最終目標に向かって、小学校１年生から様々なスキルが発達段階に応じて段階的、系統的に指導されることを教科書は証明していました。私が授業について行けなかったのは、ドイツ語の教

科書に書かれている言葉のスキルの大半を日本で学んだ経験がなかったこと、並びに私がドイツの学校に入った時期が、論文準備のための最終段階だったことが原因でした。

　ドイツ時代に私が感じていた「差別されている」という思いも、大きな誤解でした。「感想文」しか書けず、「論理的」に考えられない日本人生徒を目前にして、頭を抱えていたのはむしろドイツの教員の側だったのかもしれません。私が日本で学んだ文章の読み方と作文の書き方は、ドイツ人には全く異質なものでした。私にとって不幸だったのは、ドイツの教員も私も、互いの母語教育の内容の相違を認識していなかったことでした。その後、ドイツ以外の国々の母語教育の内容を調べて明らかになったのは、多くの国々が、ドイツと類似の教育を自国の母語教育として実施しているという事実でした。様々な国からドイツへやってきた私の同級生達が、さしたる苦労もせずにギムナジウムの授業で議論に参加し、小論文で評価されたのは、彼らが母語教育で、既にそうしたスキルを身につけていたことに起因していたのでした。

　本書は、母語教育で系統的な言語技術教育を受けることなく大学に入学し、これから日々グローバル化する社会に出なければならない日本の大学生、並びに既にそうした社会で奮闘している社会人のために、その実践的なトレーニング方法をまとめたものです。その背景には、私のような経験をする日本人を多少なりとも減らしたいという、私自身の体験に基づく個人的な願いがあります。また本書は、文系の学生や社会人のみを対象にしたものではありません。それをわかりやすく示すため、第Ⅴ部では筆者を変え、理系の研究者・技術者にとっての言語技術の必要性を具体的に提示しました。大学での講義や就職活動の中で自らの言語力の不足を実感している方、社会人として改めて言語技術を学びたい方、そのような読者の方々に、本書が役立つことを私は願っています。

三森ゆりか

本書の使い方

　大学生のための言語力向上のためのトレーニングを目的とした本書は、5部構成になっています。これは使い勝手を考慮しての構成です。

第Ⅰ部　グローバル社会に生きるために不可欠な「言語技術」
第Ⅱ部　スキル・トレーニング
第Ⅲ部　クリティカル・リーディング
第Ⅳ部　作文技術
第Ⅴ部　理系のための言語技術

　本書を初めて手にした人は、ぜひまず第Ⅰ部に目を通して下さい。皆さんが高校までに学習してきた「国語」と言語技術を比較対照して、これから学習する内容について明確に認識する必要があるからです。また第Ⅰ部を読めば、これから社会に出て企業人として働いたり、海外に出たりするときに、どのような言葉の能力が有効かについても理解できるようになっています。

　第Ⅰ部以降は、どこから着手しても基本的には問題ありません。早急に説明や物語などのスキル・トレーニングをしたければ、まずは第Ⅱ部を学習するのが有効です。とりあえず作文技術が必要なら第Ⅳ部から始める方法もあります。文章の読解技術に自信のない人は、第Ⅲ部から読み始めるのも一つの手です。もしあなたが理系の学部に所属するのなら、まず第Ⅴ部に目を通すのもよいでしょう。

　本書は、読者の目的に応じて、どこから読んでも使えるように構成さ

れています。ただし、最終的にはぜひ全体を読み、学習してください。言語技術は、体系的な方法論です。そのため全体を理解し、全てのスキルを活用できるようになって、初めて相互に効率よく機能するようになります。

目　次

はじめに iii

本書の使い方 vi

I　グローバル社会に生きるために不可欠な「言語技術」........1
　[1] 大学生・社会人に必要な言語能力 3
　[2] 世界基準の言語教育「言語技術」..........4
　[3] 「言語技術」とは何か 6
　[4] 「言語技術」の獲得によって可能になること 10
　[5] ドイツの教育 15

II　スキル・トレーニング........19
　1．対話 20
　　[1] 不十分な言葉に敏感になる 21
　　[2] 論理的、建設的に対話をするための方法 26
　　[3] 対話のトレーニング 29
　　[4] 「問答ゲーム」の効果──小論文と英語 34
　　[5] 長い話や文章への反応 35
　　[6] 事実と意見 36
　2．物語 38
　　[1] 物語の構造 39
　　[2] 視点 52
　3．要約 56
　　[1] 要約の技術1「キーワード法」..........57
　　[2] 要約の技術2「因果関係法」..........66

［３］説明文・論説文などの要約 68
　４．説明 70
　　　［１］説明の種類 71
　　　［２］空間配列 73
　　　［３］描写——主観を入れて説明する 81
　　　［４］重要度の順序（Importance Order）..........82
　５．報告 84
　　　［１］トレーニングの目的 85
　　　［２］物語の報告文への書き換え 86
　　　［３］新聞記事 87
　　　［４］事故の報告 89
　６．記録 92
　　　［１］議事録の訓練の目的 93
　　　［２］議事録の役割 93
　　　［３］議事録の種類 94
　　　［４］議事録の書き方 97

III　クリティカル・リーディング 103

　１．絵の分析 104
　　　［１］実施方法 105
　　　［２］実践例 109
　　　［３］立証の構造を意識する 112
　　　［４］「絵の分析」の効果 114
　２．テクストの分析と解釈・批判 119
　　　（クリティカル・リーディング）
　　　［１］テクスト分析とは何か 121
　　　［２］テクスト分析の対象 123
　　　［３］テクスト分析の分析項目 124
　　　［４］テクスト分析の実践例１——詩 125
　　　［５］テクスト分析の実践例２——物語 129
　　　［６］テクスト分析の実践例３——超短編小説 134

IV 作文技術 139
1．基本技術 140
［1］主語 141
［2］かぎかっこ 143
2．パラグラフ 147
［1］パラグラフの重要性を知る 148
［2］パラグラフとは何か 149
［3］パラグラフの基本構造 150
［4］トピック・センテンスの作り方 152
［5］サポーティング・センテンスの作り方 155
［6］コンクルーディング・センテンスの作り方 156
［7］様々なパラグラフ 156
3．小論文 167
［1］小論文（Essay）の型 168
［2］序論 173
［3］本論 175
［4］結論 177
［5］アウトライン 177
［6］様々な小論文 180
［7］小論文の先へ 197

V 理系のための言語技術（三森利昭） 199
［1］理系にこそ言語技術は必要 201
［2］理系に必要な言語能力と教育の現状 202
［3］理系に必要な言語技術 206
［4］理系が抱える言語の問題点 213

あとがきにかえて（カルメン・オンドサバル） 217

参考文献 219
解答例 221

I

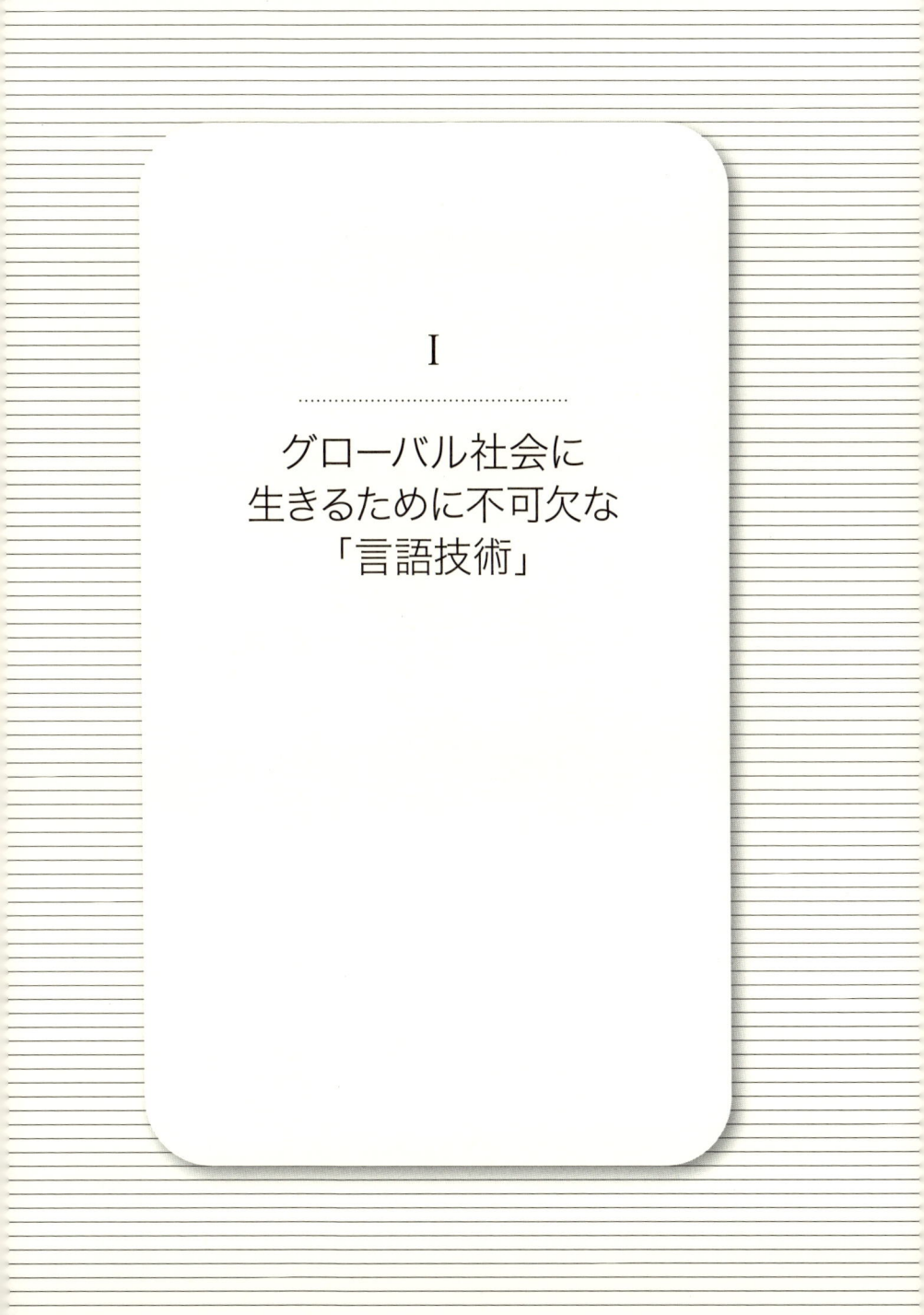

グローバル社会に
生きるために不可欠な
「言語技術」

［１］大学生・社会人に必要な言語能力

物語る・説明する・報告する・記録する・論証する・アピールする
意見を書く・小論文を記述する・レポートを書く・論文をまとめる
対話する・議論する・討論する・説得する・交渉する
質問する・インタビューする
分析する・読解する
論理的に思考する・多角的に考察する・批判的に検討する

　専門的に学問するために入学した大学で、あるいは社会人として働く中で、あなたは日々上記のような能力を求められてはいないでしょうか？　あるいは、大学生・社会人として、こうした能力を必要だと感じたことはありませんか？　レポートを書こうとして、どのようにまとめたらよいのかわからなくて本を読み漁ったり、意見を求められて感想しか思い浮かばず、発言できなかったりした経験はありませんか？　さらには大学生の場合、就職活動の場で、的確な質問や返答を求められたときにどのように対応すべきかと、今から心配したりしていませんか？　上記の言葉のスキルは「言語技術」1)（Language arts）と総称されるものです。そして、これこそが大学生・社会人にとってぜひとも必要な言語能力です。
　言語技術は、簡潔に言えば言葉を有効に使いこなすためのスキルです。同時にまた、世界の多くの国々で母語教育として指導されている世界基準の言語教育でもあります。大学で専門教育を受ける学生として、あるいはグローバル化が進む社会で企業で働くあなたにとって、今なぜ言語技術が必要なのでしょうか？　それはまず、論理的、分析的、批判的に考察する能力があること、すなわちクリティカル・シンキングができること、建設的に考えを掘り下げつつ議論ができること、さらには考えたことがらを誰もが理解できるように記述する能力があること──これら

がなければ、大学での学問は成立しないからです。また、大学時代にそうした能力を身につけなければ、社会で即戦力として機能することも難しくなります。大学生のあなたにとっては、大学での2年間、あるいは4年間は、社会で必要な言語能力を身につけるための最後の貴重な時間です。また社会で働くあなたにとっては、可及的速かにできるだけ高い言語力を身につける必要があります。ぜひ本書を利用し、言葉を有効に使いこなすためのスキルを獲得してください。

［2］世界基準の言語教育「言語技術」

　言語技術(Language arts)とは、世界の多くの国々で実施されている言語教育を指します。これはヨーロッパ、北米、南米、アジア(英語圏)、中近東、アフリカなど、世界の多くの国々で幅広く実施されているため、世界基準の言語教育と言えます。インターナショナル・スクールで指導されている言語教育の内容が言語技術であることも、それが世界基準であることの根拠と言えるでしょうか。言語技術が言語教育として世界中に広まった理由は、それが元々ギリシアで始まったレトリック(修辞学)をその出発点としているからです。ここで言う修辞学とは、「言葉を巧みに用いて美しく効果的に表現する」(大辞泉)、いわゆる修辞技法を指すのではなく、弁論の技術とその体系を指します。つまり、主題の問題点を探し出して発想し、有効な優先順位をつけて配置し、相手が理解できるように効果的に表現して提示する方法論です。この修辞学の方法論が、ギリシア文化と共にヨーロッパや中近東に広まって教育として体系化し、さらに彼らの移動と共にアメリカ、オセアニア、アジアの英語圏などに拡がっていった結果、現在世界中の多くの国々でその言語教育の内容は非常に似通っています。

　言語教育を共有することは、文化や言語の相違を超越して、発想や表現方法に共通の基盤を持つことを意味します。この共通性とは、様々な

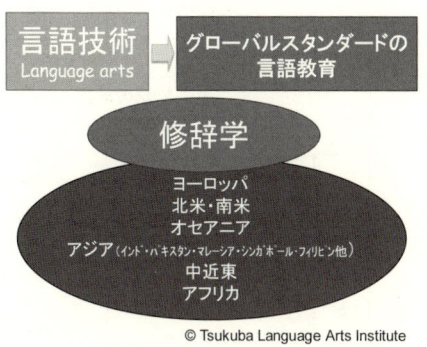

図1.1 世界基準の言語教育「言語技術」

国の人々が同じように考え、同じように表現するということではありません。そうではなく、国際社会では、共通の基盤が有効に利用されて、議論や交渉がなされているという意味です。これをわかりやすく、サッカーの試合で考えてみましょう。例えばサッカーの国際試合をするためには、まず国際試合に通用するスキルを身につける必要があります。さらにルールを熟知している必要もあります。それらが身についていなければ国際試合には出場できませんし、できたとしても通用しないのは明らかです。言葉の世界でもこれと同じことが言えるのです。

　言語技術が世界基準の母語教育であることは、ドイツの母語教育のカリキュラムとアメリカの大学の英語教育の内容を比較すると明白です。次ページに挙げた図1.2は、ドイツの母語教育のカリキュラムをまとめたもの、一方図1.3は、アメリカの大学生用の英語教科書（作文）の目次です。図1.2の「書く」、つまり作文の項目と図1.3の目次の内容とを比較すると、その類似性は明らかです。ドイツ語と英語は、確かに言語的に親戚関係にあります。しかしそれだけでなく、内容自体がよく似ているのです。そのため、ドイツ人がアメリカに行くとすぐに授業について行けます。アメリカ人がドイツに来ても同じことが起こります。母語で、言語技術を共有しているため、他の言語への転換が非常に簡単だからです。

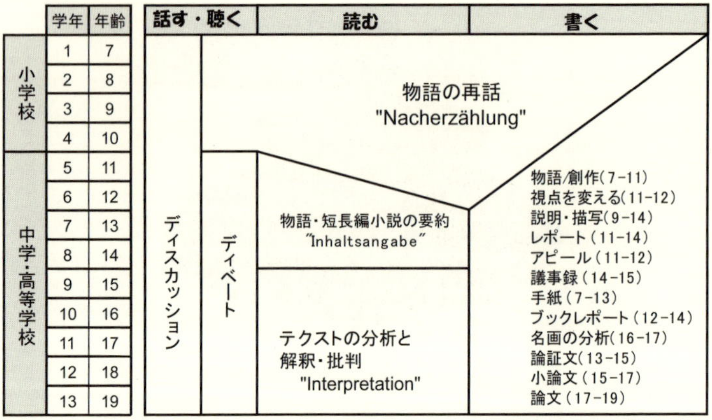

	学年	年齢	話す・聴く	読む	書く
小学校	1	7			
	2	8			
	3	9		物語の再話 "Nacherzählung"	
	4	10			
中学・高等学校	5	11	ディスカッション		物語/創作(7-11)
	6	12			視点を変える(11-12)
	7	13		物語・短長編小説の要約 "Inhaltsangabe"	説明・描写(9-14)
	8	14			レポート(11-14)
	9	15		ディベート	アピール(11-12)
	10	16			議事録(14-15)
					手紙(7-13)
					ブックレポート(12-14)
	11	17		テクストの分析と解釈・批判 "Interpretation"	名画の分析(16-17)
	12	18			論証文(13-15)
	13	19			小論文(15-17)
					論文(17-19)

© Tsukuba Language Arts Institute

図1.2　ドイツの母語教育のカリキュラム

---

1. The Principles of Good Reading and Writing
   Finding and Supporting a Thesis
   Planning a Paper: Outlining アウトライン・論題の立て方
2. Methods of Development
   Description 説明/Narration 物語/Example 例示/Process 過程/
   Cause and Effect 原因と結果　Comparison and Contrast 比較と対照/
   Classification and Division 分類/Definition 定義/Argumentation 論証/
   Mixing Methods of Development
3. Special Writing
   Literary Analysis 文学作品の分析
4. Research 調査
5. Style スタイル

© Tsukuba Language Arts Institute

図1.3　アメリカの大学生用の英語教科書の目次[2]

[3]「言語技術」とは何か

　言語技術は、思考と表現の方法論を具体的なスキルとして指導する総合的な体系であり、その目標は、人間形成にあります。どのような人間を形成するのかといえば、概ね次のような人間です。

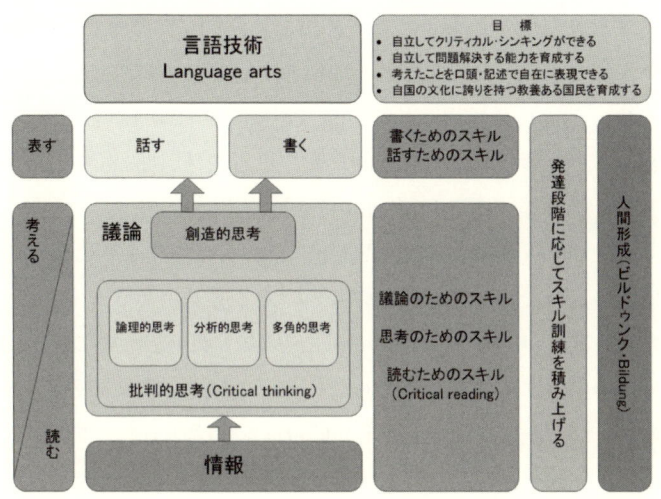

図1.4　言語技術の目標

①自立してクリティカル・シンキングができる（自分の力で物事を論理的、分析的、多角的に検討し、適正な判断を下す能力を持つ）
②自立して問題解決をする能力を持つ
③考察したことを口頭・記述で自在に表現できる
④自国の文化に誇りを持つ教養ある国民を育てる（「教養」には「人間味豊かな人間」の意が含まれる）

このような目標に向かって、小学校から高等学校までの12年間の教育過程の中で、発達段階に応じて、情報の取り込み（読むこと・観ること・聞くこと）、思考（批判的・論理的・分析的・多角的・創造的思考など）、表現（話すこと・書くこと）などのスキルを体系的、かつ具体的に指導するのが言語技術です。

「図1.4　言語技術の目標」は、言語技術の構成を図示したものです。これは、言語技術の最終目標である人間形成に向かって、どのようにそ

グローバル社会に生きるために不可欠な「言語技術」　7

れが構成されているかを示したものです。人間にはまず外から情報が入ってきます。これに対して、その情報を読むためのスキル（クリティカル・リーディング[Critical reading]）が指導されます。読むには考える必要があるため、ここで批判的に考える方法（批判的思考・クリティカル・シンキング[Critical thinking]）も議論を通して指導されます。その結果、ここで議論のためのスキルが自然に身につくことになるのです。考えは人の真似ではなく、独自のものである必要があります。そこで、既存の考え方についてクリティカル・シンキングをした後には、自分だけの考えを創造することが求められます。これは、創造的思考（クリエイティブ・シンキング[Creative thinking]）と呼ばれます。また、考えたあとには、それを表現しなければ人には理解してもらえません。そのため、対話、議論、ディベート、語り、スピーチなどの技術や作文（物語から論文まで）が徹底的に指導されることになります。

　読む（聞く・観る）、考える、表現する——これらの機能は、全て有機的に関係し、相互に補完しあっているため、一方の能力が向上すれば、他方の能力も向上することに繋がります。そのため言語技術を言語教育として実施する国々では、「国語」とは、大量に文章を読み、その情報に基づいて議論し、そこで考えた結果、あるいは自分なりの問題解決のあり方を、適切な型を用いた作文で表現することを意味します。ちなみに、ヨーロッパの場合には、母語教育で選択式試験や穴埋め試験が実施されることはありません。そのため作文技術は、学校そして、むろん社会生活の中で非常に重要なのです。

　言語技術はまた、教養のある、人間味豊かな人間を育てることを目標に掲げ、文学教育を非常に重視しています。そのため、図1.5に示したように、小学校1年生から高校3年生（12年生）までの過程の間に、言葉を操るためのスキルと文学教育に割かれる時間の割合が変化します。小学校段階ではスキルの割合が大きく、学年が上がるにつれ文学教育が

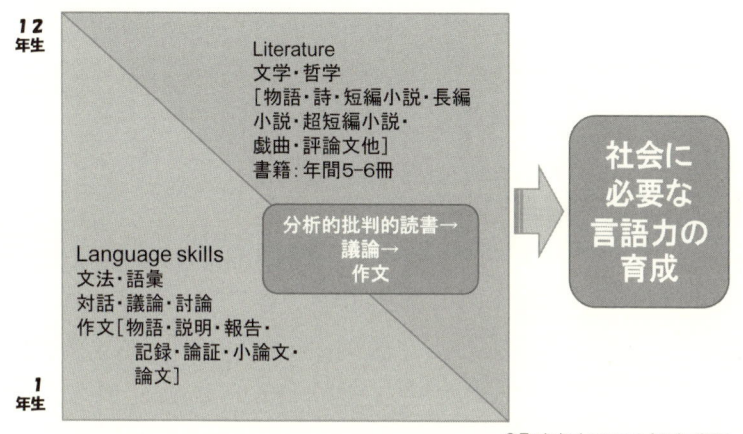

図 1.5　言語技術の構成

その存在を増していきます。高校生以上でスキルの訓練として実施されるのは、作文に限って言えば、小論文と論文など、その年齢にならないと記述できない水準のもののみとなり、その中身を構成するものとして、文学や哲学的文章が大きく幅をきかせることとなります。

　文学教育が重視される理由は明らかです。文学作品の中には、生徒自身の通常の生活の中では経験できないような時代や状況に生きる人間の生き様が示され、その中で苦悩する人間の姿が示されます。作品を分析的、批判的に考察しながら論理的に議論し、様々な課題に対して自分なりの考えを小論文形式などで提示することの繰り返しによって、生徒は作品の中の人生や生活を追体験することになります。言語技術を言語教育として実施する国々では、こうした経験によって若者の人間性が熟成されると考えられているのです。

　文学作品として扱われるのは次のようなものです：
　　詩・物語・短編小説・長編小説・超短編小説・戯曲
　　評論文（哲学的内容が主、その他の内容は他教科で扱う）

作品を取り上げる上での大きな特徴は、抜粋ではなく、小説を丸ごと全て扱う点です。そのため、長編小説の場合、本を丸ごと1冊読むことになります。分厚い教科書（ドイツの場合、教科書の厚さは2cm程度。日本語に訳すと3倍程度の厚さになる）の他に年間5〜6冊の本が扱われますので、言語技術が実施されている国の生徒達は、大量に読み、それを巡って多くの議論を経験することになるのです。

　学校で扱われる文学作品は、主に自国のものです。それは言語技術の目標が、自国の文化に誇りを持つ教養ある人間を育てることに置かれるからです。そのため、英語圏ならシェークスピア、ドイツ語圏ならゲーテやシラー、スペイン語圏ならセルバンテス（「ドン・キホーテ」）などは高校生にとって避けて通れない作家たちです。

　近年では、文学の扱いの中に、映画も含まれる傾向にあります。英語でFilm studyと呼ばれるものです。映画だけが扱われることもあれば、複数の同じ映画を比較することもあります。例えばシェークスピア作品である「ハムレット」を読みつつ、合間に、映画化された1948年度版と1996年度版の「ハムレット」の同一場面を比較対照しながら、解釈や表現の相違について議論したりします。

　このように言語技術では、文学作品を通じて人間や社会を学び、さらには表現方法の相違、あるいは人による印象や解釈の隔たりを経験していきます。こうした教育が、社会経験の基礎となると考えられているからです。

［4］「言語技術」の獲得によって可能になること

　言語技術を身につけることによって可能になることは、大きく分類して3つあります。1つ目は言語能力そのものが向上すること、2つ目は全ての教科の土台ができること、3つ目は国際化に対応する基礎力を獲得できることです。これらにより、あなたの大学生活、ひいては社会人

としてのあなたの生活は大きく変化するに違いありません。

❶──言語能力そのものの向上

　言語技術は、情報の読み取り、考察、表現の方法を、人間の発達段階に合わせて、体系的、総合的にトレーニングするシステムです。また、トレーニングである以上、個人の持つ才能に頼ることなく、ある程度の水準までは誰でも獲得可能です。この点、スポーツや芸術と同じです。つまり、学校教育の中で言語技術の訓練が実施されれば、個人差はあれ、誰でも情報を分析的、批判的に検討し、それに基づいて議論し、考えたことを他人が理解できるように提示する能力を身につけることができるようになるのです。

❷──全ての教科の土台の構築

　人間は言葉を使って考え、表現します。どの教科についても同じことが言えます。そのため、母語教育で言語技術を身につければ、それは全ての教科、全ての専門科目、あるいは全ての仕事の土台となります。

　科目ごとに具体的に考えてみましょう。「社会」には言語技術は不可欠です。現代社会でも歴史でも、地理や経済でも、必要な基礎知識を得たあとは、それを活用し、柔軟に建設的に思考し、問題について検討する必要があります。例えば世界史で、独ソ不可侵条約が1939年に締結され、どのような内容だったかを知識として記憶しただけなら、その記憶は必要がなくなればすぐ失われます。しかし、「独ソ不可侵条約がドイツにもたらしたメリットとデメリットを論述せよ。論ずる際には『ナチス・ドキュメント』(ナチスの記録文書)を参照せよ」という課題に直面すれば、条約そのものの意味やその長短を多角的、分析的に考察せざるを得ません。そのためここではクリティカル・リーディング(シンキング)の方法論が不可欠となります。さらに論述するためには、小論文の形式につい

ての知識と訓練が不可欠です。つまりこのような課題には、言語技術なしには答えようがないのです。ちなみにこの課題は、1975年当時、私が西ドイツの現地校で、高校2年生の歴史の試験として実際に経験したものです。

「理科」については、第Ⅴ部に具体的に例を挙げてあります。課題を発見し、仮説を立てて考察し、証明して結果を提示するためには、言語技術の考え方は重要です。また、考察結果をまとめるためには、作文技術が不可欠です。

「数学」ではある事象を、数字と記号を用いて論理的に証明します。数学ではむろん数字や記号を用います。しかし、それらを用いて考えるためには言葉は不可欠です。この過程は実は、絵や文章のクリティカル・リーディングの過程と非常によく似ています。扱う材料が異なるだけで、基本的な思考過程は共通しているのです。

「美術」についても、クリティカル・シンキング（リーディング）の能力は不可欠です。絵を単に眺めるだけでなく、自分なりに絵について考え、その内容に深く迫るには、分析力、批判的検討力が重要となります。

「音楽」にも言語技術は深く関与します。漫画「のだめカンタービレ」を読んだ人は、のだめがフランスに留学し、「アナリーゼ」に出会って苦闘する場面を覚えていませんか？　アナリーゼはフランス語で分析を意味します。音楽でいうところのアナリーゼとは、楽譜の分析です。一つの楽曲を自分のものにするためには、その深い分析と批判的検討が不可欠なのです。ドイツでは、高校の音楽の時間に一般の生徒にも楽譜のアナリーゼを指導しています。これは、演奏者ではなく、聴衆の育成のためです。しかしながら、聴衆の中にアナリーゼの基本を知る人々が多数存在するということは、裏返すと演奏者にはさらに高度なアナリーゼが求められることを意味します。

「体育」にも言語技術は不可欠です。身体を使うスポーツと頭を使う言

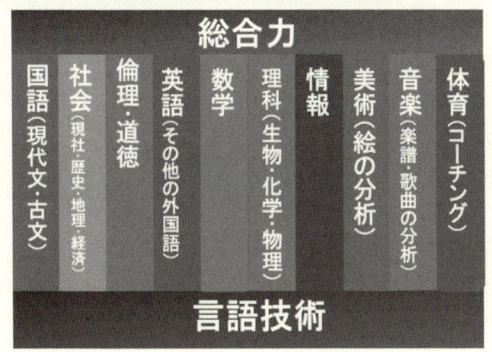

図 1.6　言語技術と他教科の関係

語技術は一見何の関係もなさそうです。ところが、本当の意味でスポーツの技術を向上させるには、やはり言葉は不可欠なのです。コーチングと呼ばれる指導が言葉を介して実施されることを考えれば、これは当然のことです。実際に言語技術は、日本ではスポーツの世界にもっとも浸透しています。日本サッカー協会、日本オリンピック委員会、日本テニス協会、日本ラグビーフットボール協会などが、言語技術をコーチや選手の育成に活用しています。

❸──国際化に対応する基礎力の獲得

　言語技術は既に述べたように、英語の Language arts の日本語訳です。現在日本ではグローバル化に対応するためという名目で、英語力の向上が指摘されています。しかしそのためには、英文法と英単語を身につけ、英文をたくさん読み、あるいは英語でコミュニケーションを取るだけでよいのでしょうか？　答えは否です。本当の意味で英語を使えるようになるためには、英語という言語そのものの学習に必要な基礎知識に並行して、言語技術を学習する必要があります。

グローバル社会に生きるために不可欠な「言語技術」　13

英語圏の母語話者にとって、母語である英語の学習とは、言語技術の学習に他なりません。例えばアメリカには、「English Language arts」と表記された英語の教科書が存在します。母語話者専用の教科書です。これは、母語話者には英語という言語を用いてLanguage artsという教科の学習が求められていることを意味します。あるいは、カナダのアルバータ州の指導要領では、教科「英語」(English)について、「English Language arts」という名称が用いられて説明がなされています。これもまた、教科としての「英語」が、英語という言語を用いて、「Language arts」という内容を指導することを意味しています。

　既に言及したように、言語技術はギリシアの修辞学を出発点とし、その影響を受けた多くの言語文化の母語教育の根幹を形作っています。そのため、様々な国籍の人々が集まって、共通言語である英語で議論をする場合、彼らは無意識に言語技術を用います。つまりこのような場では、クリティカル・シンキングの手法の共有が不可欠となります。また、考えを提示するには、説明の手法(時系列よりもむしろ空間配列の手法)が自動的に採用されます。従って、この知識なしに説明を試みると、使用言語は英語のようだが、提示順序が非論理的で、結果として主張内容が意味不明ということになりかねないのです。

　このように英語の学習が、言語技術(Language arts)の学習に他ならない以上、国際化に対応するには、言語技術を身につける必要があります。そしていったん身につけると、様々な言語への応用が可能になります。これを獲得するのに最も有効な方法は、母語でトレーニングをすることです。というのも、外国語である英語での訓練には、理解と習得に時間がかかるからです。その点、母語の場合は推測が効くので、スキルを半分理解できれば全体の7割は把握できることになるでしょう。言語技術に基づくこの推測能力が身につけば、この能力はそのまま外国語にも応用が利きます。例えば、「空間配列(後述)」の手法に則って記述され

た英語の説明を半分理解できれば、あと2割程度は母語で身につけた空間配列のルールに則って推測でき、7割理解できれば全体像がおおよそ掴めるという具合です。

［5］ドイツの教育

第Ⅰ部の締めくくりとして、ドイツを例に挙げ、実際にどのような母語教育がなされているかを説明しましょう。この例から、大学生のあなたがどのように学問に取り組み、国際化の進む社会で働くべきかを考えてみてください。

ドイツにおける言語教育も、日本の場合と同じく、「聞く・話す・読む・書く・考える」の言語機能を育てることを目的としています。ただし、カリキュラムや教材、教授法や評価方法などは日本の実情とは相当に異なります。具体的に説明しましょう。

1) カリキュラムについて

これについては既に図1.2で示しました。もう少し細かく見ると、ドイツの母語教育の実情がよく見えてきます。

a. 話すこと：対話から議論、ディベート、プレゼンテーションに至るまでの指導が明確
b. 作文：作文技術が最終目標の論文に向かって系統的に指導される。論文を書くためには、序論、本論、結論という形式についての知識のみならず、物語や説明の記述技術、パラグラフやエッセイ（小論文）の組み立てについての知識も必要
c. 読むこと：読書（読解）技術が系統的に指導される。感覚的に楽しんで読む、理解して読む、要約を目的として読む、分析と批判（クリティカル・リーディング）を目的として読む、というように読むための技術が系統的に積み上げられる。読解は、レポートや小論文、論文

の中身を構成するために重要であり、読解技術は作文技術と深く連携する。
2) 教授法について
  a. 議論が授業の中心に置かれている
  b. 講義型の授業が少なく、対話型の授業が多い
3) 評価方法について
  a. 穴埋め式、選択式の試験を実施しない
  b. 試験は基本的に全て記述式
  c. 唯一の正解がない。論理的で創造的な意見が求められる
  d. 推論(仮説・意見など)に至るプロセスの論理的な提示が求められる
  e. 発言量、発言の質が成績評価の対象に含まれる
    成績評価において、発言の占める割合が高いため、たとえ筆記試験の成績が抜群でも、発言がないと「最優秀」の評価が下されることはない。また常に後から挙手をして、他人の意見を上手にまとめることに長けている生徒が「最優秀」の成績をとる可能性も低い
  f. 暗記した知識ではなく、基礎知識を活用、応用して自分なりの考えを構築できることが評価対象

　このような母語教育を 12 年間(ドイツの場合未だに高校卒業までの年限が 13 年のところも多い)受けた高校生たちが、大学進学の際に課せられるのは、日本式のセンター試験でも、知識偏重の試験でもありません。アビトゥアと呼ばれる、論文と口頭試問による卒業試験です。その成績によって、大学進学が決定します。

　ドイツの生徒達は、大学での専攻に応じて、高校 2 年生の学年から卒業試験のための主要科目を選択し、卒業論文のためのテーマを絞り込みます。文系に進学希望なら、ドイツ語と歴史、理系に進学希望なら数学と物理という具合です。ただし理系の進学を志望しても、教科「ドイツ語」の授業が全くないわけではありません。専門に絞りすぎない程度に、十

分に高度な「ドイツ語」は、授業として卒業まで実施されます。

　ところでこの卒業論文で要求されるのは、きちっと章立てした長文です。日本の高校生に課されるような800字から1200字程度の「小論文」ではありません。大学卒業時に課される卒業論文並みのものが高校の卒業時に必要とされ、それが記述できなければ大学には進学ができないのです。そしてひとたび大学に進学すれば、そこでもう一度作文技術の基本が指導されることはなく、学生は高校までの間に積み上げた言語能力を用いて専門の学問に取り組むことになります。

【注】
1)「言語技術」という言葉は、アメリカで用いられるようになったLanguage artsの日本語訳。いつからこの言葉が日本で用いられるようになったのかは不明。筆者の手元にある最も古い資料は、昭和30年刊の『講座　日本語Ⅳ　日本人の言語生活』に記載された「言語技術のプリンシプルとタイプ」である。これはその内容からして明らかに英語で書かれた資料に基づいている。しかしながら出典の記載はない。その後、物理学者の故木下是雄博士が「言語技術」という名称を用いて、日本の母語教育の転換を提唱している。
　平井昌夫(国立国語研究所)(1955)『講座　日本語Ⅳ　日本人の言語生活』、上甲幹一編/金田一京助・土岐善麿・西尾実監修、大月書店、76-110ページ。
　木下是雄(1996)『木下是雄集3 日本人の言語環境を考える』、晶文社、11-42ページ。
2) Skwire, David and Havey S. Wiener (2006) *Student's Book of College English: Rhetoric, Readings, Handbook,* 11th ed. Longman.

II

スキル・トレーニング

1. 対話

あなたは、自分が他人とどのような対話をしているのか、意識して考えてみたことはありますか？　第Ⅱ部の最初の項目は、言語力の基本である「対話」です。ふだん無意識に行っている対話のあり方を見直し、その基本型を身につけ、それを議論、ひいては意見文や小論文へと繋げましょう。また、対話の型がしっかり身につけば、英語への移行も楽になります。さらに大学生の皆さんには、就職活動の面接でも、対話のスキルは大活躍するはずです。事実私の生徒たちからは、俗に言われる「圧迫面接」が、「言語技術の授業の延長としか思えなかったので、気楽だった」との報告が来ています。

［Ⅰ］不十分な言葉に敏感になる

　自分自身の対話のあり方を見直すにあたり、まず不十分な対話に対して敏感に反応するセンサーを自分の中に設置しましょう。このセンサーの設置により、人の話のどこがどう不十分なのかに敏感に反応できるようになれば、あなたの対話力は既に一歩前進です。ここに日本語の会話に典型的に見られる例を4つほど列挙しますので、一つ一つについてセンサーを働かせて考えてみて下さい。

❶――センター試験

> A：あなたはセンター試験には賛成ですか？
> B：センター試験を受けないと国立大学を受けられませんよね。自分が一所懸命勉強してきたものを知識だけで計られるのは悔しいし、試験日にたまたまインフルエンザにかかったら1年間の苦労はふい。でも、記述は大変だから、マークを塗るだけっていうのは楽かもしれないね。

　上の対話を読み、あなたはどのような印象を抱きましたか？　何か疑

問を抱きましたか？　「別に。会話って普通こんなものでしょう。」と思った人は、対話について基本から学ぶ必要があります。問題点を即座に指摘できた人は、既に対話のあり方に問題意識を持っていることを意味します。

　この対話の問題点はどこにあるのでしょうか？　問題点を書き出してみましょう。（巻末に解答例を挙げてありますが、まず自分の答えを下の空欄に書いてみてください）

(a)

　そうです。あなたの指摘通り、この対話はまるで噛み合っていません。Aの質問に対し、Bは的確に答えていません。「センター試験には賛成か」というAの問いに対してBは直接答えず、それについての自分の知識や印象だけを述べています。

　さて、この対話の続きを考えてみましょう。どのように展開する可能性があるでしょうか。空欄に書いてみましょう。

(b)

　いかがですか？　空欄は埋まりましたか？　うまく繋ぐ方法を考えつかなかった人は、がっかりする必要はありません。AとBの問いと答えはそもそも最初からすれ違っており、論理的に噛み合っていません。ですから、その先の展開を考えようにも推論のしようがないのです。

　この対話はそもそも噛み合っていないため、その先はいかようにも展開の可能性があります。例を考えてみましょう。

- センター試験が風邪やインフルエンザが猛威をふるう時期に実施される話に発展する
- 記述試験の困難さについての話に発展する
- 鉛筆でマークをうまく塗るコツについての話に発展する
- 国立大学への入学の入り口がセンター試験だけになっていることの問題についての話に発展する
- センター試験の必要ない私立大学の話に発展する

このようにこの対話は様々な方向へ展開する可能性があります。そもそもの問題は、AがBの問いに対して的を射た返答をしなかったことが原因です。ここであなた自身に質問です。あなたはいつもこのような対話をしていませんか？ あるいは、自分の質問に対して的確な返答が戻って来ず、焦れったく思ったことはありませんか？

この対話について、あなたはBになったつもりでAの問いに適確な答えを返してみましょう。どのように答えれば、Aの質問に噛み合うでしょうか。考えてみましょう。
(c)

❷──足の痛み

> 足の痛みは筋肉の炎症から来ていますね。あまり痛いとあれですから鍼(はり)を打ちましょうか。明日から1週間年末休みになりますので、その間に痛みとかが出てもあれですからね。どうですか？

上記の言葉の問題点はどこにあるでしょうか？ できるだけたくさん指摘してみましょう。

(a)

　この例文には、「あれ」が2回使用されています。1度目の「あれ」と2度目の「あれ」に当てはまりそうな言葉を考え、周囲の人と見せ合いましょう。当てはめた言葉は同じでしたか？

(b-1)

(b-2)

　これは実は、ある年末に行きつけの整骨院で息子が言われた言葉です。このように曖昧な言葉は、日本語ではごく一般的なので、私も息子も日本人らしく黙って説明を受け入れました。しかし、考えてみるまでもなく、これは説明にはなっていません。このような説明を受けた場合、どのように反応すべきなのでしょうか？　あるいは、自分が説明する際に相手に疑問を持たせないためには、どのような点に気をつければよいのでしょうか？　書き出してみましょう。
(c)

❸──どうですか？

> A：大学の国際化には、入学時期を世界標準の9月に合わせることが重要だと思いますが、それはどうですか？

「どうですか？」という質問は、日本のインタビューでは頻繁に出てきます。上記の問いに対するあなたの答えを書き、友人と交換してみましょう。答えには同じような方向性がありますか？　それとも大きな相違がありますか？
(a)

通常、「どうですか？」の問いには、様々な答えが返ってきます。それはなぜでしょうか？　「どうですか？」の問いにどのような問題があるのか、書き出して考えてみましょう。
(b)

❹──忘れ物

> A：さっきB子が何か言っていたけれど、何かあったの？
> C：なんかこの間出かけたとき、忘れ物したらしいの。それで取りに行こうとしているんだけど、一人だと面倒なので、一緒に行かないかって誘われたの。その日はビミョーだから、別の日を提案したら、大丈夫ってことで、行くことにしたのよ。

上記の対話におけるCの話し方にはどのような問題があるでしょう

か？　指摘して、書き出してみましょう。
(a)

　この例における問題点は、主語が全て隠されている点です。日本語では主語を入れずに文を組み立てることができます。しかしながら、あまりに省きすぎると、言いたいことが正確に伝わりません。いつ主語を入れるか、いつ省略できるのかに敏感に反応できるセンサーを設置しましょう。

［２］論理的、建設的に対話をするための方法
　大学で学問を深め、社会で機能できる自分を育むには、論理的、建設的に対話をし、対話の内容を深めていく能力を持つ必要があります。そのためにはまず日本人が普段どのような対話をする傾向にあるのかについて認識し、どのようにそれを修正すれば、対話の能力を向上できるかを考え、トレーニングをする必要があります。

❶――日本的対話のあり方の見直し

- ➢　察し合いの重視・以心伝心
- ➢　曖昧で非具体的な質疑応答
- ➢　根拠の未提示
- ➢　場の空気の尊重

　あなた自身は、先に示した事例のような対話や説明に直面した経験はありませんか？　そして、何となく分かったような、分からないような状態で会話を続行したり、説明を受けたりした経験はありませんか。そ

のように相互に分かり合うことを目指して対話をしないことが続くと、特にものを考えなくてもそれこそ「何となく」会話が成立することに慣れ、本当の意味で対話が成立していないことにすら意識が向かなくなります。何を訊ねても、「ビミョー」で済んでしまうのは、そうした対話のあり方が生み出した風潮と言えるのではないでしょうか？

　このような言い方をすると必ず出てくるのが、「以心伝心は日本人の美徳だ」という反論です。「以心伝心」とは言うまでもなく、「思うことが言葉によらず、互いの心から心に伝わること」（広辞苑）です。「以心伝心」の美しさを否定する必要はむろんありません。それは日本の大切な文化です。けれども、「以心伝心」は日本人だけの文化的特権でもありません。具体的に明確に主張をする欧米人でも、時として例えば目と目を交わすだけのさりげない所作の中で心を通わせ、互いの思いを察し合うことをします。ただ、彼らが日本人と異なるのは、状況に即してスパッとモードを切り替え、自分の考えを分かりやすく言葉にし、主張ができることです。今あなたに必要なのは、日本人の美徳に固持することではなく、美徳は美徳として維持しつつ、必要に応じて国際化の進む社会の中で生きてゆくための対話の方法を身につけ、どのような場でも建設的なコミュニケーションを行えるようにすることです。

❷────5W1Hの明示

　自分の考えを明確に伝えるために必要なのは、まず5W1Hを意識し、それを明示しつつ話を進めることです。

	5W1H	
(1)	事実の提示	
	When	いつ（起こったのか？）
	Where	どこ（で起こったのか？）

		Who	誰(が関係しているのか？)
		What	何(が起こったのか？)
(2)	理由の提示		
		Why	なぜ(起こったのか？)
(3)	状況の提示		
		How	どのように(起こったのか？)

　5W1Hは国語や英語の中で必ず学習します。しかしそれを意識して話す機会は意外に少なくないですか？　5W1Hが抜け落ちたまま話すことが習慣になるのは、それが抜けていても滅多に問われることがないからです。あなたが自分の考えをはっきりと示せるようになりたいと考えるのなら、人の話に耳を傾け、5W1Hが抜けていたら質問するようにします。対話の時にこれをするのが難しければ、テレビなどから流れてくる会話に向かって5W1Hの問いを立ててみると良いでしょう。これが身についてくると、他人の話の中に5W1Hが脱落しているのが気になるようになり、さらには自分の言葉の中の抜けにも気づくようになります。

❸――理由の提示

　明確な相互理解に通ずる対話を行うために必要なのは、論理的に考えを提示し合うことです。「論理的」を、ここでは単純に「相手のなぜに答えること」としておきましょう。つまり、相手に自分の考えを示したら、必ずその考えの背景にある理由を提示します。この時、考えと根拠の間には整合性がなければなりません。理由を軸に据えて対話が展開できるようになると、理由の部分、つまり話の核の部分が掘り下げられていくため、深い対話が可能になります。

❹——対話の型

　相手と建設的に対話をするためには、そのための「型」を身につけます。型に則って対話をした方が、互いに話がしやすいからです。これは、基本的に次のような型を指します。

> 意見の主張
> 根拠(意見の背景にある理由・そこに至った原因など)
> 意見の再主張

　この型が身につくと、対話がかなり楽に展開するようになるはずです。ちょうど、武道の基本が型であるように、対話の際にも型を身につけ、その型を使いこなして対話を展開するというわけです。

［3］対話のトレーニング
❶——「問答ゲーム」

　対話のスキルを獲得するのに有効なのが「問答ゲーム」です。このゲームの実践により、対話の型、理由の提示、5W1Hを意識するなど、対話に必要なスキルを身につけます。問答ゲームは、次ページの図2.1が示すように、非常に単純な方法論です。1つの質問に対し、型に則って答えます。答えが出たら、その内容を掘り下げるために、1つか2つ、5W1Hを用いて畳み掛けます。たったこれだけのトレーニングながら、「問答ゲーム」には次のような効果があります。

- ➤ 型を意識して意見が言えるようになる
- ➤ 理由が自然に出てくるようになる
- ➤ ルールを意識して意見を組み立てられるようになる
- ➤ 畳み掛けられても冷静に答えられるようになる。つまり、精神面が鍛えられる

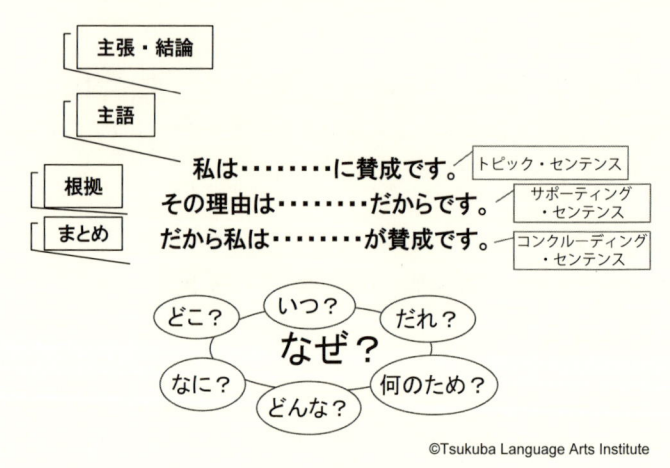

```
  ┌主張・結論┐
      ┌主語┐
  ┌根拠┐  私は……に賛成です。    ┌トピック・センテンス
  ┌まとめ┐ その理由は……だからです。 ┌サポーティング・センテンス
          だから私は……が賛成です。  ┌コンクルーディング・センテンス

      どこ？  いつ？  だれ？
           なぜ？
      なに？  どんな？  何のため？
```

©Tsukuba Language Arts Institute

図2.1　問答ゲーム

> 「問答ゲーム」の型は、そのまま意見文の型なので、型が身につくと、意見文が書けるようになる。また、その型はそのまま英語の口語表現、文章表現(パラグラフ/Paragraph)に通じるため、英語との連携が楽になる

問答ゲームは、具体的には次のように実践します。

問：あなたは読書が好きですか？
答：私は読書が好きです。なぜなら、本を通して、自分が実際には体験することのできない様々な世界を知ることができるからです。だから私は読書が好きで、毎日必ず本を読みます。

このように単純ながら、実際に実践するには、ルールの遵守が必要になるため、それほど単純には行きません。「ゲーム」と名付けた所以はそこにあります。

A　「主張→根拠→結文」の順序で提示する

B　主語を明確にする。特に主張文に主語を入れ、その主張に対する責任を明確にする
C　5W1Hを明確に提示する
D　単語で話さない
E　禁止用語：わからない・別に・ビミョー・なんとなく

ルールの設定にはそれぞれ理由があります。

Aについて
　日本語の場合、前置きや根拠を並べてから結論を述べるのが一般的です。仲間内や日本人同士の環境の中で和やかに対話をする際にはこうした言い方でもよいでしょう。ところが、結論を後回しにするものの言い方は議論には向きません。議論の場合、まず相手がどの結論に着地するのかが重要です。その結論に対し、自分がどのような立場を取るべきかを判断しなければならないからです。相手の意見に対して賛成の立場を取るのか反対の立場を取るのかで、相手から提示された主張、つまり相手の結論を支える根拠の聴き方が全く異なります。そのため議論においては最初に結論を、それからその結論を支える根拠を述べる必要があるのです。また、議論でなくても、社会人として企業に勤めようとするとき、やはり自分の意見は結論から述べる必要があります。短い時間の中で首尾良く情報伝達をするためには、最初に結論を述べてからその結論に至った根拠を示さなければならないからです。

Bについて
　日本語では主語の省略が可能です。けれども主語を意識せずに意見を述べる習慣が身につくと、自分の責任で主張しなければならないときにも曖昧に主語をぼかす癖が出ます。自分の意見に対する責任を認識する

ためにも「問答ゲーム」では、必ず「私」「僕」と、1人称の主語を入れて意見を述べます。「問答ゲーム」で主語を意識するようになると、様々な効果が出ます。例えば次のようなものです：
　＊主語の抜けが気になるようになる。
　＊内容に対する責任の所在に意識が向くようになる。
　＊主語を明確にする英語が身近になる。
　＊主語を明確にする必要のある文書の読み書き能力が身につく。
　余談ながら、主語の不明確な日本語の文章(現代文、古文)の読解力の向上にもつながります。

Cについて
　5W1Hは、対話においても非常に重要です。話者は、5W1Hを意識しつつ意見を組み立て、聞き手はそれらが不明確なら即座にその点を問い質すように訓練すると、明確で分かりやすい話し方ができるようになります。

Dについて
　日本語は単語でも話が通じます。「先生、紙」と言えば、例えば「紙が欲しい」という意味にもなるし、「紙が落ちたから拾った方がよい」というような意味にもなります。単語でのみ話が通じる環境に馴染むと、きちっとした対話を組み立てることが難しくなります。

Eについて
　これについては言うまでもありません。「わからない」「別に」「ビミョー」「なんとなく」という曖昧で無責任な答えは一切認めません。必ず具体的で内容のある返答をします。

❷——「問答ゲーム」の実践

　ルールを設定せずに「問答ゲーム」を実施すると、多くの場合、効率のよい対話は成立しません。図2.2 は、問答ゲーム初心者との一般的な例を示したものです。

　「問答ゲーム」では、「あなたは買い物が好きですか？」と問いかけ、「好き」と単語のみが返ってきた場合、即座にたたみかけます。そして、「好き」という感情に責任を持つのが誰なのかを促し、主語を引き出します。この時、「単語ではなく、文で言ってください」と指示する必要がある場合もあります。さらに、「〜買い物が好きです」で答えが止まってしまうことが多いため、「どうしてですか？」と畳み掛ける必要が出てきます。ところがこの問いに対し、「楽しいから」と、曖昧な印象だけが戻ってくることが多いため、さらに5W1Hを用いて質問を重ねる必要があります。「買い物のどんなところが楽しいのか？」「最近の買い物の中で一番楽しかったのは、どのようなものを購入したときか？」などです。このような問いを繰り返して、漸く、次のような対話が成立するようになり

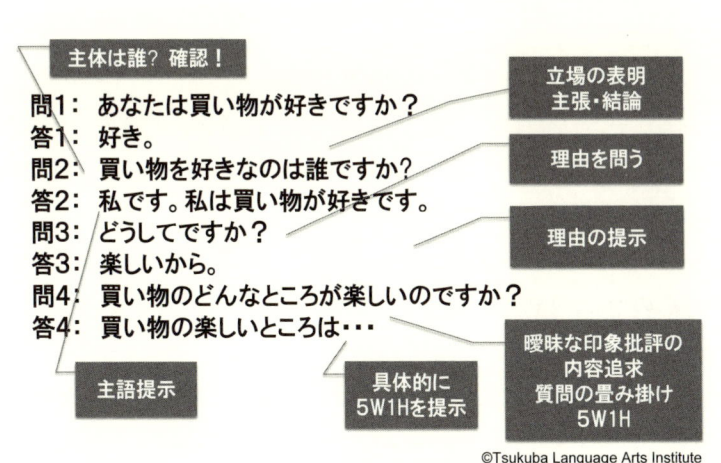

```
問1： あなたは買い物が好きですか？        [立場の表明 主張・結論]
答1： 好き。                              [主体は誰？ 確認！]
問2： 買い物を好きなのは誰ですか？         [理由を問う]
答2： 私です。私は買い物が好きです。       [主語提示]
問3： どうしてですか？                    [理由の提示]
答3： 楽しいから。
問4： 買い物のどんなところが楽しいのですか？ [具体的に5W1Hを提示]
答4： 買い物の楽しいところは・・・         [曖昧な印象批評の内容追求 質問の畳み掛け 5W1H]
```

©Tsukuba Language Arts Institute

図2.2　問答ゲームの実施例

ます。

> 問1：あなたは買い物が好きですか？
> 答2：私は買い物が好きです。なぜなら、買い物は楽しいからです。
> 問2：買い物のどんなところが楽しいですか？
> 答2：買い物が楽しいのは、なんと言っても自分のために新しい物を購入できる点です。そしてそのために自分の気に入っているお店に行って、予算の範囲内であれこれ品定めするのは本当に幸せな時間です。
> 問3：最近購入した中で最も気に入っているものは何ですか？

　このような形で「問答ゲーム」のトレーニングを繰り返しているうちに、自分の意見を必ず根拠で支える意識が身につきます。また、畳み掛けて訊ねられることに慣れるため、立て続けに質問をされても焦ったり、反発したりせず冷静に返答することができるようになります。そして、答えが充実し、それをさらに掘り下げる質問を質問者が繰り出せるようになると、対話の質はさらに向上します。

［4］「問答ゲーム」の効果──小論文と英語

　「問答ゲーム」が身につくと、日本語では、意見文、小論文の記述が楽になります。意見文や小論文は、基本的に「問答ゲーム」と同じ型で記述するからです。

　一方でまた、英語が身近に感じられるようになります。「主張→根拠→結文」の型は、そのまま英語の表現に通じます。また、英語圏に行くと、ネイティブの人々に「なぜ？」「どこで？」「誰が？」「いつ？」と畳み掛けられ、負担に感じる日本人は多いようです。しかし「問答ゲーム」に慣れてくると、このような負担感が減少します。さらに、「問答ゲーム」の型は、そのまま英語の作文の基本形であるパラグラフ（Paragraph）と同じです。

そのため、パラグラフの組み立てについての理解も容易になります。

◆ 課題1

次の課題を使って「問答ゲーム」をしてみましょう。2人1組となり、質問する人は、返答が返ってきたら、重ねて2問程度畳み掛けて質問をしましょう。その時、問いの内容が答えからずれないように注意を払ってください。また、口頭で答えたら、第Ⅳ部のパラグラフの型を参考に作文にまとめましょう。

① あなたは夏休みが好きですか？
② あなたは公共のバスや電車に優先席を設けることに賛成ですか？
③ あなたは大学の入学を秋に設定することに賛成ですか？
④ あなたは大学生は一人暮らしをすべきだと考えますか？
⑤ あなたは中学や高校には制服は必要だと考えますか？
⑥ 24時間営業のコンビニエンスストアは必要ですか？
⑦ 文字を書くとしたら、あなたは鉛筆かボールペンのどちらを選びますか？
⑧ 住むとしたら、あなたは一戸建てとマンションとではどちらがいいですか？
⑨ あなたは入学試験が冬に実施されることに賛成ですか？
⑩ あなたは日本の学校の宿題は多すぎると思いますか？

[5] 長い話や文章への反応

「問答ゲーム」で培った対話の力を応用して、長い話や文章の抜けや不足情報に反応する力をつけましょう。「問答ゲーム」で、相手の答えに対して5W1Hを用いて反応ができるようになると、他人の話や読んだ文章における情報の不足が気になるようになります。

事実を問う	理由を問う	状況を問う
いつ / どこ / 誰 / 何	なぜ	どのように / どのような

図2.3　5W1Hの働き

◆　課題2

　次の文章に抜けている情報を、5W1Hを用いて指摘しましょう。5W1Hを活用するときには、その働きを意識して用いてください。

　東京へ出るとき、父が、特別な1冊の本をくれた。本を渡しながら、「読みたいときに読むといいよ。」と言って、微笑んだ。今でもその表情を覚えている。迷ったときに読んでみて、実際に大いに役立った。次に引越しをしたときにも、荷物と共に運んだ。本は、節目で様々なことを暗示してくれた。残念なことに、3度目の引越しで本をなくしてしまった。でも未だにあの素晴らしい本と、それをくれた時の父の表情を記憶しており、思い出すと胸が暖かくなる。

[6]事実と意見

　事実と意見とが混在する情報の中から、それぞれを別物として捉える能力、あるいは感覚は非常に大切です。人と対話したり、ニュースを聞いたり、本や新聞を読んだりするとき、「事実」と「意見」とを適正な判断に従って選り分けることができれば、情報に惑わされることなく、自立して物事を判断できるようになるからです。

◆ 課題3

次の文章が「事実」なのか「意見」なのかを判定し、なぜそう言えるのかを考えましょう。文の中には両者が入り交じっているものもあります。

① 南北に細長い島国である日本の国土は狭い。
② アルバート・アインシュタインは、相対性理論を唱えた天才科学者である。
③ サッカーのチームは11名で構成され、ゴールキーパー1名、フィールドプレイヤー10名である。
④ 野球はおもしろいと、2月14日号のA雑誌のインタビューで星選手が答えている。
⑤ カズオ・イシグロの『私を離さないで』は、臓器移植のためのクローン人間が物語の中心に据えられ、人間の倫理観を世に問うている。
⑥ 伊藤博文は日本の初代内閣総理大臣であり、現代に至るまで高い評価を受けている政治家である。
⑦ 漢字、平仮名、片仮名と3種類の文字があることが日本語を複雑化している。
⑧ 古くから世界で愛されてきたバラの現在の品種の大半は、世界各地の野生種を人為的に掛け合わせることにより生み出されたものである。

2. 物語

物語って、どこの国のものでも、昔のものでも新しいものでも、ほとんどワンパターンの展開だね。

そういえば、映画の展開もだいたい似ているよ。パターンがあるのかな？

でも、「ハリー・ポッター」みたいにシリーズものはさすがに違うんじゃない？　飽きちゃうし…

[I] 物語の構造
❶──物語の構造の有効性

　昔々、あるところにおじいさんとおばあさんが暮らしていました。おじいさんは毎日山で芝を刈り、おばあさんは川で洗濯をして暮らしていました。
　ある日……

　物語は、どれもおおよそ上のような調子で始まります。洋の東西、古今を問わず、物語の形式には普遍性があります。それが「物語の構造」です。英語では、Story structure と呼ばれます。物語の構造についての基本知識は、次の領域で役立ちます：

> 要約
> 速読
> 物語の構造分析(物語・小説・映画など)
> 説明(プレゼンテーション、人の心理に配慮した説明など)
> 創作(物語・小説・映画など)

　言語技術を母語教育として必修とする国々では、物語の構造を5年生くらいで学習します。というのも、こうした国々では、5年生くらいから本格的に学校で小説を丸ごと1冊扱って、要約し、分析的・批判的に読解(クリティカル・リーディング Critical reading)する活動が開始されるからです。そのためには、物語が基本的にどのように組み立てられているのかの知識が必要です。そこで、物語の構造が指導されるわけです。物語の構造についての知識がなぜ要約などの役に立つのか、もう少し立ち入って説明しましょう。

> 要約

数ページのごく短い物語や小説であれば、物語の構造の知識なしでも内容の大筋のまとめはさほど困難ではありません。けれども 300 ページに及ぶ長編小説が対象だとしたら、どこから手をつけたらいいのか困惑しませんか。このように分量の多い小説を要約するには、その構造の基本知識は不可欠です。物語の構造を手掛かりに筋の要点を捉えることができるからです。

> 速読

物語の構造が頭に入り、筋の要点が容易に押さえられるようになると、要点以外の部分を飛ばして読むことにより速読が可能になります。極端な話、目次を検討しただけでも、物語の構造についての知識があれば要点のおおよその見当がつき、目星をつけた章だけにまずざっと目を通して、大筋を掴むことも可能です。

> 物語の構造分析

小説の分析(クリティカル・リーディング)をする際には、構造分析は不可欠です。小説を構造から捉えて分析するには、基本構造の知識が必要だからです。物語の構造分析の知識は、物語や小説の分析ばかりでなく、映画の分析(Film study)にも有効です。映画も物語ですので、基本的に物語の構造を土台にしているからです。

> 説明(プレゼンテーション、人の心理に配慮した説明など)

人を魅了するプレゼンテーションを組み立てるときに物語の構造の知識は有効です。プレゼンテーションの最初の部分で聴衆の興味をかき立てたいときに、人間にとってもっとも馴染みのある形式である物語がその効力を発揮するからです。この点については、ビジネス書として日本でよく売れている『考える技術・書く技術』(バーバラ・ミント著、ダイヤモンド社)に、「プレゼンテーションの導入部は常にストーリー形式を取ります」という形で書かれています[1]。詳細については、物語の構造

を学習してからミントの著書を読むと良いでしょう。

　また、カウンセリングや医師が患者に病気の経過を話したり彼らから聞き出したりするときなどにも物語の構造は有効で、後者は Narrative medicine と呼ばれる技法です。説明的な口調では冷たく聞こえる内容が、馴染みの物語の姿を取っただけで別の内容に変容するからです。

➤　創作(物語・小説・映画など)

　自分で創作活動をしたい人にとって、物語の構造の知識は不可欠です。これについては、インターネットに Story structure という単語を打ち込むと、アメリカの大学の創作学科などのページが数多く見つかります。

　このように物語の構造の知識が身につくと、物語の形を取る小説や映画などの理解が深まるばかりでなく、自分で物語の形式を用いて説明したり、スピーチしたり、プレゼンテーションを組み立てたりするスキルにも応用できるようになります。物語が古今東西にかかわらず同じ形式を持っていることは、人間にとってその形式がもっとも馴染みやすいものであることを意味します。そのため、この形式の理解は、その後の言語活動に大きな影響を与えます。

❷──物語の基本構造

　物語の構造は、基本的に5部分から構成されます。冒頭・発端・山場・クライマックス・結末です。この5部分にはそれぞれ次のような基本的な役割があります。

A　冒頭・・・・・・・・・・・・・状況の設定と主人公の紹介
B　発端・・・・・・・・・・・・・問題発生・状況の複雑化
C　山場・・・・・・・・・・・・・展開部分：問題との戦い・葛藤
D　頂点(クライマックス)・・・・転換点・問題の克服
E　結末・・・・・・・・・・・・・問題の解決・問題の終焉

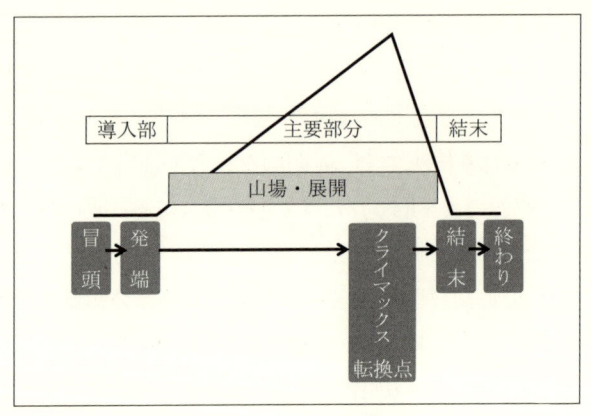

図 2.4　物語の構造[2]

A　冒頭

　ここでは、状況が設定され、主人公が紹介されます。つまり、主人公の活躍する場所や時間(時代背景)、環境などが設定され、主人公の人物像(物語開始時点の)が示されます。

B　発端

　ここでは問題が発生し、状況が複雑化します。そもそも物語とはすなわち事件です。事件、つまり問題が発生しなければ物語は成立しません。ここでは主人公に対立するものが登場します。それは敵対する人物の場合もあれば、病気や苦悩、障害、災害などの場合もあります。しかしいずれにせよ、ここで登場するものは、主人公よりも勢力が強く、主人公が克服すべき対象です。

C　山場

　対立相手が登場すると物語が大きく展開を始め、主人公の冒険が繰り広げられる山場が始まります。ここはまさに「山」と呼ぶにふさわしく、

物語が進むにつれて、主人公の状況は緊迫化し、緊張感が増していきます。そのために読者は、ドキドキしながら物語を読み進めることになるのです。

　短い昔話などの物語の場合、この山場において繰り返される事件は３回が一般的です。１〜２回だと物足りない印象がある一方で、４回以上になると今度は冗長な印象になるためでしょうか。例えば「桃太郎」では、桃太郎は犬、猿、雉と３種類の動物に出会い、それぞれ同じような状況が繰り返されながらも確実に桃太郎の最終目標である鬼退治に向かうために必要な戦力を向上させていきます。またグリム童話の「白雪姫」では、悪い女王は紐、櫛、毒林檎とやはり３種類の道具を用いて白雪姫を始末しようと試みます。

D　頂点（クライマックス）
　ここは事件が大きく転換する部分です。ここで今まで弱者の立場にあった主人公と強者の立場にあった敵の立場が逆転し、物語が最高潮に達します。

E　結末
　頂点が過ぎると急速に結末が訪れます。発端に始まった問題が収束し、主人公の環境が安定します。

　物語の多くは、基本的に「成長物語」であり、主人公の最終的な成長を目的とした「冒険物語」です。それは、「探検」や「未知の世界への旅」という文字通りの「冒険」の形を取ることもあれば、未知の環境における複雑な人間関係による葛藤を乗り越えていくという意味での「冒険」である場合もあります。

　物語が「成長物語」である以上、山場の中で繰り返される事件は、１つ

目よりは2つ目が、2つ目よりも3つ目がというように、繰り返しの中で克服がより困難になるように設定されているのが一般的です。直面する問題が次第に困難になり、それを克服するたびに主人公が成長するからです。そして、この繰り返しの緊張度が増加するにつれ、読者の期待は高まっていくのです。

　物語の基本構造の認識と共に、山場において葛藤の緊迫度が漸増(ぜんぞう)することの認識は重要です。というのも、あなたが他人に物語るとき、この漸増法のテクニックを利用することで、相手をあなたの話に引き込むことが可能だからです。

◆　課題1：桃太郎1

　基本的な物語の構造を理解するための最初の課題として、「桃太郎」を用いて具体的に考えてみましょう。次の文が、物語の構造のどの部分にあたるかを考え、その理由も書きましょう。

表2.1　物語の構造を検討するための表

物語の構造	文	理由
	媼(おうな)が川で拾った桃から赤ん坊が生まれ、桃太郎と名付けられる。	
	大食漢の桃太郎はあっという間に大きくなる。	
	鬼ヶ島の鬼が村の人々から金目の物を略奪する。	
	桃太郎が鬼退治を決意し、吉備団子を携帯し、鬼退治の旅に出る。	
	犬が吉備団子と引き替えに桃太郎の子分になる。	

	猿が吉備団子と引き換えに桃太郎の子分になる。	
	雉が吉備団子と引き換えに桃太郎の子分になる。	
	桃太郎の一行が鬼ヶ島に到着し、鬼と戦う。	
	桃太郎が鬼に勝利し、鬼の大将が桃太郎に宝物を差し出す。	
	桃太郎は故郷に帰り、安楽に暮らす。	

◆ 課題2：桃太郎2

「桃太郎」では、山場の部分で3度事件が起きて盛り上がっていく代わりに、犬、猿、雉と3種類の動物が登場します。これらの動物の持つ武器と戦いの場とを検討しましょう。

表2.2　3つの事件の検討

動物	武器	戦いの場

なぜ、3種類の動物がこの順序に並べられているのかを、漸増法に重ね合わせて考えてみましょう。もし、動物が「雉、犬、猿」の順序に並んでいたら物語はどうなるでしょう？　言葉で考え、同時にそのイメージを、図を使って表してみましょう。順序を変えると、山は上昇するでしょうか？

◆ 課題3：桃太郎3

「桃太郎」を物語の構造に当てはめると、簡単にその要点を取りだすことが可能になることは理解できたでしょうか？ 今度は、表2.1に挙げた10文を要約の形にまとめてみましょう。どの部分をさらにまとめることができるでしょうか？ 適切な接続詞などを挿入し、200字程度の要約文にまとめてみましょう。

❸——さまざまな物語の構造

A 長編小説

物語には昔話のように単純なものばかりでなく、長編小説や「ハリー・ポッター」のようなシリーズもの、さらに超短編小説、詩などがあります。ここではまず、長編小説の構造について説明します。

長編小説の場合、主人公と敵が何度か接触し、その都度頂点と類似の状況が提示されます。ところが結局戦いに決着はつかず、主人公は敵を克服できません。こうした状況が何度か繰り返された挙げ句、最高潮に達して主人公がついに敵を克服します。

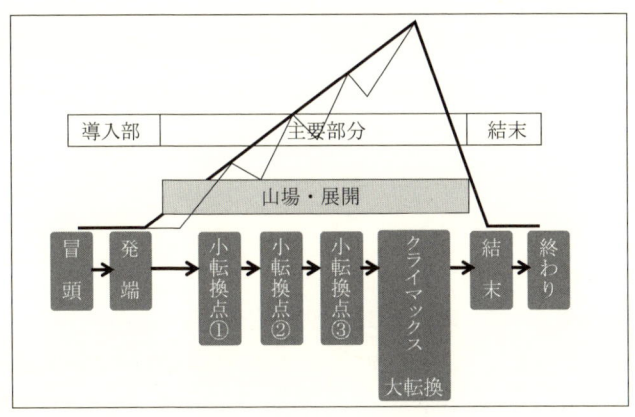

図 2.5 長編小説の物語の構造[3]

展開のはっきりしている長編小説を手に取り、この構造を意識して読んでみると、物語の構造が話の筋を形成しているのがはっきりと見て取れます。

B シリーズ物

「ハリー・ポッター」のようなシリーズものの場合は、各巻が「長編小説」の形態を取りつつ、全体として物語の構造を構成しています。つま

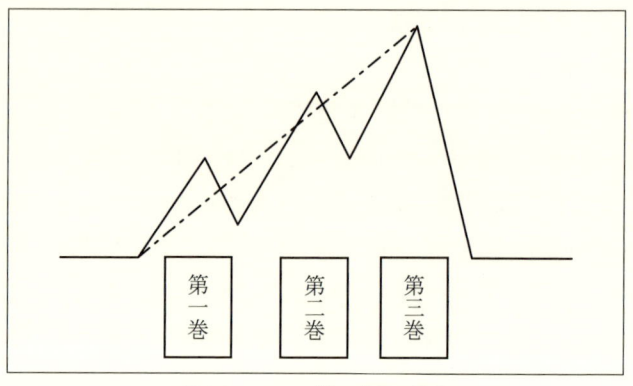

図 2.6 シリーズ物の物語の構造

り 3 巻のシリーズの場合、主人公は 3 巻目の頂点で漸く敵を完全克服するに至るわけです。この仕掛けが巧みであればあるほどシリーズものはよく売れることになります。読者が、どんどん盛り上がっていく展開の先を知りたくてたまらなくなるからです。

C 超短編小説

　超短編小説の特徴は、基本の物語の構造を前提としつつ、冒頭と結末が欠如しているところにあります。つまり、何の設定もなく突如として物語が始まり、話が盛り上がってきたところで突然切断されたように終了するのが超短編小説です。

> 別れた夫と道で会った。私は新しくできた図書館の階段に座っていた[4]。

　これは、グレイス・ペリーの「必要な物」という作品の冒頭の部分です。物語はこのように唐突に始まり、何が「必要な物」なのか、主人公がどのような人物で、夫となぜ別れたのか、ほとんど何も明かされないまま、話が話者によって勝手に盛り上がり、突然終わります。その終わりの部

分で結末が示されることはなく、未消化感が読者には残ります。このような超短編小説を相手にした場合は、読者が冒頭を設定し、行間を読み取って情報の空間を埋め、結末を想像することになります。しかしながら、この超短編小説が成立するのも、先に物語の基本構造が存在するからです。この基本構造から敢えて冒頭と結末を削り取ったところに超短編小説の価値が生まれるのです。

D　詩

　詩、とりわけバラード（物語詩）に物語の構造を当てはめて検討することも可能です。「魔王」（ゲーテ作詞・シューベルト作曲）などについて考えてみるのはいかがでしょうか？

❹――物語の構造分析：倒置法

　物語の構造を意識できるようになると、多くの短編小説、長編小説、あるいは映画が、基本構造通りではなく、意図的にある部位を入れ替えたりしていることに気づけるようになります。これはむろん、読む人、観る人の感覚に訴え、より作品に引きつけるための効果を狙ってのことです。

　よく見られるのが、例えば、冒頭と発端を入れ替えたものです。ここでは実際に、太宰治の短編小説「走れメロス」を題材に、物語の構造を考えてみましょう。太宰の「走れメロス」は、元々ドイツのフリードリヒ・フォン・シラーのバラード（物語詩）である「人質」[5]を元に書かれたものです（この「人質」も「構造分析」に適しています）。

　「走れメロス」は次のように始まります：

　メロスは激怒した。必ず、かの邪智暴虐の王を除かなければならぬと

決意した。メロスには政治がわからぬ。メロスは、村の牧人である。笛を吹き、羊と遊んで暮して来た。

　国語の授業で「走れメロス」を学ぶ際に、「倒置」という言葉を耳にした人は多いのではないでしょうか？　倒置は言うまでもなく、「印象を強めたり強調したりするために普通の語順と逆にすること」(広辞苑)です。ところがただ闇雲に、「『走れメロス』＝『倒置』」という形で記憶すると、小説の記憶が薄れると共にその修辞的構成についての知識も薄れるものです。けれども事前に物語の基本構造の知識があり、各部位の役割を理解できていれば、記憶の仕方が変化するだけでなく、その知識を他の小説や映画などにも応用できるようになるでしょう。

◆　課題４：走れメロス１
　ここで、なぜ「走れメロス」に倒置法が使用されていると言えるのか、物語の構造における各部位の定義と照らし合わせて考えてみましょう。

◆　課題５：走れメロス２
　「走れメロス」では、山場で事件が３回発生します。どのような事件か、書き出してみましょう。また、それらが漸増法を意識して並べられているかについても考えてみましょう。

◆　課題6：走れメロス3

　王と約束した広場に急ぎ帰るメロスの最後の日の場面において、太陽の位置と、クライマックスに向かって盛り上がっていく物語の曲線の関係を図示してみましょう。どのような効果を発見できますか？

❺────物語の構造とプレゼンテーション

　この古典的なストーリー展開…『状況』『複雑化』『疑問』『答え』…によって、書き手が読み手と『同じ場所』に立ち、そこで初めて読み手を書き手の考えに沿って導くことができるのです

　これは、この章の始めの方で紹介した、日本でも人気の『考える技術・書く技術』(26ページ)にあるバーバラ・ミントの言葉で、プレゼンテーションの冒頭部分についての説明です。「古典的なストーリー展開」についての詳細説明は一切ありません。欧米人にとってそれは学校で学ぶごく常識的な基礎知識だからです。読み手の共感や納得を引き出すためには、「書き手が読み手と『同じ場所』」に立つことが重要です。読み手(聴き手)の興味を引きつつ、読み手(聴き手)が知りたい情報を与えながら、書き手(話し手)の視座に読み手(聴き手)を引き込むためです。このとき、人間が最も受け入れやすい、古典的な物語の構造を応用することは自然なことなのです。
　物語の構造について、一通りの知識を得たあなたは、人前でプレゼンテーションをする必要があるときに、ぜひ冒頭部分にこの物語の構造を活用し、聴衆の興味をまずかき立てることについて考えてみてください。

前述のミントの本の他に、youtubeなどで米国のプレゼンテーションを見るのも参考になるでしょう。

事務的なプレゼンテーションは、聴衆の興味を引きません。しかし、冒頭部分が「お話」になっていて、「おもしろそう」と、聴衆に考えてもらえれば、その後にあなたが本当にしたい内容に話題を繋げるための準備ができるのです。

［2］視点

物語を理解するにあたり、もう一つ重要なのが視点(Point of view)です。物語には語り手がいます。物語は必ずある一定の視点から語られるため、その語り手の視点が物語の内容に大きな影響を与えます。一般的な物語の語り手としては、次の2種類の語り手が存在します。

❶──3人称視点

3人称視点(The third person point of view)は、語り手が3人称である「彼」や「彼女」を用いて物語を語る視点です。語り手は物語の内部に入り込まず、物語を外側から、つまり第三者の視点から語ります。

3人称視点には、2種類の視点があります。次の2点です：

➤　3人称全知視点(The third person omniscient point of view)

何でも見え、何でも知ることのできる視点です。3人称全知視点の語りでは、物語の成り行きが細部にわたるまで全て見通せ、また全登場人物の考えや感情までを見通して語ることができます。

➤　3人称限定視点(The person limited point of view)

物語は3人称で語られます。しかし語り手が知ることができるのは、1人の登場人物の考えと感情だけです。その他の登場人物については表面的にのみ提示されます。3人称限定視点は、1人称視点よりも自由に

登場人物について語ることができるものの、3人称全知視点に比べてはるかに制限が多くなります。

❷——1人称視点

1人称視点(The first person point of view)は、語り手が「私」あるいは「私たち」という主語を用いて語る物語です。語り手は、主人公(protagonist)の場合もあれば、端役の1人が物語の成り行きを観察して語る場合もあります。1人称の語り手の語る物語は、信頼できることもあればできないこともあります。

語られる物語(あるいは説明)の視点を確認することは、その物語の信憑性を確認する上でも、あるいは内容を多角的に検討する上でも非常に重要です。あることがらについて、一つの立場から1人称で語られた物語が、別の立場にいた人物の1人称の視点の物語ではまったく異なる形を取ることがあるからです。また、その物語を客観的な立場で判断できる人の語りの内容はまた違うはずです。このように、あることがらがどの視点から語られているのかを認識することは、物事を理解する上で非常に重要であるばかりでなく、ことがらを多角的に検討するには不可欠なのです。

◆ 課題7：視点

次ページのコマ漫画を用いて、1人称と3人称全知視点の視座から物語を書いてみましょう。

① 男の子の視点から1人称で物語を書く
男の子の視点から、見えること、考えられることのみをつなげて物語を書きましょう。男の子の視点から書けないコマはどれでしょうか？

② 男の視点から1人称で物語を書く
男の視点から、見えること、考えられることのみをつなげて物語を書きましょう。男の視点から書けないコマはどれでしょうか？

③ 3人称全知視点で物語を書く
3人称全知視点から物語を書きましょう。見えないこと、わからないことはありませんので、全て書くことができます。男と男の子には適当な名前をつけて書きましょう。

【注】

1) バーバラ・ミント(1999)『考える技術・書く技術』、ダイヤモンド社、47 ページ。
2) 三森ゆりか(2002)『絵本で育てる情報分析力』、一声社、117 ページを改図。物語の構造については、*die Erzählung MANZ-Aufsatz-Bibliothek, Bd.1* (c) 1980 by Manz Verlag, München. pp. 103-109.; *Deutsch 6, Deutscher Aufsatz, MANZ LERNHILFEN, Valentin Reitmajer* (c) 1995 Verlag und Druckerei G.J. Manz AG. pp. 7-11 などを参照。
3) 上掲書、131 ページを改図。
4) グレイス・ペリー/村上春樹訳(1999)「必要な物」『最後の瞬間のすごく大きな変化』、文藝春秋、9-15 ページ。
5) フリードリヒ・フォン・シラー(1797)「人質(die Bürgschaft)」、小栗孝則訳『新編シラー詩抄』、改造文庫、1937。

3. 要約

要約とは、「文章などの要点をとりまとめて、短く表現すること」です。「物語の構造」の知識に加えて、キーワードの取り出し方と因果関係を確認しながら要点をつかみ取るスキルを持っていると、短時間で情報の要点を把握するのに役立ちます。そこで、この「要約」の章では、文章から最低限必要な情報を抜き出す「キーワード法」と原因と結果を辿って重要点を抜き出す「因果関係法」を学び、要約の技術を獲得しましょう。

［１］要約の技術１ 「キーワード法」

　「キーワード法」とは、文章からその内容を理解するための必要最低限の情報をキーワードとして取り出し、それらを繋げて要約文を作成する方法です。この方法が身につくと、これまで感覚的に要約していた文章を、論理的に検討しながら圧縮できるようになります。また、文章を読みながら、キーワードに目が留まるようになるため、結果的に速読にも繋がります。

　「キーワード法」は様々な文章に用いることができます。けれどもここでは物語を用いて説明します。「キーワード法」については、コマ漫画を用いると理解しやすいので、ここでもそれを利用し、トレーニングの手順を示します。

①第１段階
　コマ漫画の絵から5Wを手掛かりに必要最低限の情報を取り出す
②第２段階
　コマ漫画に対して付けられた文章から5Wを手掛かりに情報を抜き出す
③第３段階
　②で作成した要約文から最低限の情報を抽出する

少々面倒ながら、このような段階を踏むと要約の方法がよく理解できるはずです。また、実際に「キーワード法」を用いて要約する際に必要な作業は前述の②と③のみで、①は方法を理解するためのステップです。

　まず、①第1段階です。あるコマ漫画の1枚目の絵から必要最低限の情報を抜き出しましょう。

　絵から情報を取り出す際には、基本的に5Wを手掛かりにします。

A　どこ(Where)で起こったことなのか？
B　いつ(When)起こったことなのか？
C　だれ(Who)がいるのか？　だれが係わっているのか？
D　なに(What)が起こっているのか？
E　なぜ(Why)？　その理由(原因)は何か？

　さて、5Wを手掛かりにすると、上の絵からは概ね次のような情報が取り出せるのではないでしょうか。

A　どこ：家？（はっきりしない）
B　いつ：夜？　週末？（はっきりしない）
C　だれ：父と息子（おそらく）

D　何：息子が机に向かい、考え込んでいる。父がじっと息子を見ている

E　なぜ：不明

　このコマ漫画から取り出せるのはせいぜいこの程度の情報です。これ以上のことは描かれていないわけですから、取り出しようがありません。逆の言い方をすれば、この絵については、この程度の情報を取り出せば大要が掴めたことになるわけです。取り出した情報を文に組み立てると、次のようになります。

息子は机に向かい、考え込んでいる。父がじっと息子を見ている。

　「キーワード法」のトレーニングにコマ漫画が有効なのは、コマ漫画には、作家のメッセージの骨格だけが視覚に訴える形(Visual)で、きわめて簡潔に凝縮されて表現されているからです。そのためコマ漫画を見たときに、読者は無意識に状況の設定をしたり、意味づけをしたりしてストーリーを読み取ろうとするのです。
　国語や英語などで、コマ漫画の内容を文章化する課題が課されることがあります。こうした課題は、簡潔な形で視覚的に提示された物語に言葉で肉づけをする作業です。コマ漫画を用いた要約のトレーニングでは、まさにその逆を行います。つまり、コマ漫画と対照させながら、その漫画の表現する内容を汲み取って書かれた文章から、絵に顕されている情報のみを抜き出してゆくのです。②第2段階に進む前に、まずはこの①第1段階でコマ漫画と文章の関係を十分に理解しておく必要があります。
　続いて②第2段階では、先の1枚の絵に付けられた文章から、5Wを手掛かりに「キーワード」を取り出す作業をします。まず、次の文章を読んでください(念のため：文章は私が絵の情報を自分なりに読み取って作成したものです。絵はいかようにも読み取れますので、唯一の正解で

はありません)。

> 　ある晩、息子は居間で机に向かって考え込んでいます。息子は多分小学生くらいです。背が低くて、手足が短く、顔が丸いからです。その傍らに父親が立っています。父親は息子の様子を横からじっと見ています。
>
> 　さて、机に向かって息子は何をしているのでしょう。息子は腕組みをして考え込んでいます。今日学校で算数の宿題が出たのです。でも息子は算数が大の苦手で、数字を見るだけで頭が痛くなります。腕組みをしたり、足を組んでみたり、顎を手の上に載せてみたり、頭を掻いてみたり、ペンの先をなめてみたりと色々試みるものの、問題はいっこうに解けません。出てくるのは、「はぁ〜。」という溜息ばかりです。
>
> 　父親は先ほどから息子のそんな様子をじっと見守っています。そして心の中で、『俺は、数学にはちっとばかり自信があったんだ。あんな簡単な問題をどうして解けないんだろう。』と思っています。父親はいつまでたっても問題を解けない息子が情けなく、内心苛立っています。息子は相変わらずもぞもぞしながら、机に向かっています。でも、ノートは真っ白のままです。

　次に、絵と対照させつつ、この文章に「5W」を適用してコマの内容を理解するのに必要な最低限の情報を抜き出します(ここでは必要な情報に網掛けをしました。またコマ漫画からは、「なぜ(Why)」の部分を取り出せませんでしたが、文章にはその部分が入っているので、それも取り出しました〈網掛け＋下線で表示〉)。
情報の抜き出しは次のように行います。

> マーカーなどでキーワードに印を付ける
> 印は文単位ではなく、単語単位で付ける

　印は、文全体ではなく、鍵となる単語のみにつけることが重要です。そうでないと、いったん印を付けた後に、もう一度マーカーの色を変えて、印を付けた文から鍵となる単語を抜き出す必要性が出てくるからです。単語だけで情報を抜き出しておけば、要約文に組み立てるときに、必要に応じて助詞を変えたり、語順を入れ替えたりすることが容易になります。抜き出したキーワードを繋げると次のような文になります。

【A】ある晩、居間で息子が机に向かって考え込んでいる。父は息子の様子を見ている。学校で算数の宿題が出た。しかし、息子には解けない。父は問題の解けない息子に苛立っている。

　最後に③第3段階です。ここでは、先に作成した要約文【A】をさらに絞り込み、本質的な情報のみ抽出します。このとき、元々の文章には戻らず、【A】の文章から必要なキーワードを抜き出し、要約文を作成します。すると、第1段階で作成したのとほぼ同じような文ができるはずです。

【B】息子が考え込んでいる。父が見ている。
　　→ 息子が考え込んでいるのを父が見ている。

　要約文として、【A】が良いのか【B】が良いのかについての答えはありません。それは求められているのが、要約(サマリー)なのか、さらに簡潔な要旨(レジュメ)なのかの問題に関わるからです。最終的な情報量は求められている字数に応じて調整します。

◆ 課題1：キーワード法

　「ジンギスカンと鷹」を読み、物語の内容を他人が理解できるように要約するために、段落ごとに最低限必要なキーワードに印をつけましょう。その後、4段階の作業をし、文章を圧縮しましょう。この作業は手間がかかります。しかし、確実に要約の方法を理解し、スキルを身につけるのに役立ちます。

◆ 取りだしたキーワードを繋げ、段落ごとに短文を作成する。
◆ ①〜⑫までの短文を繋げ、250字程度の要約文を書く。要約文を書く際には、適当な接続詞を補ったり、物語の言葉を説明文に属する要約文に適切な言葉に変更したりする。
◆ 250字程度の要約文からキーワードを抜き、さらに150字程度に圧縮する。
◆ 150字程度の要約文からキーワードを抜き、さらに50字以内に圧縮する。

ジンギスカンと鷹[1]

①ある暑い日のことでした。蒙古王ジンギスカンは、大勢の家来を連れて山へ狩りに行きました。その日は良く晴れていましたので、ジンギスカンと家来たちは夕方にはたくさんの獲物を捕らえて帰るつもりでした。ところが当てがはずれ、どんなに馬を走らせてもその日に限って、ただの一匹も捕らえることができませんでした。狩りから手ぶらで戻ったのでは王の面子が立ちません。ジンギスカンはむきになって家来の先頭に立ち、山の奥深くへと馬を進めていきました。ふと気づいて振り返ると、家来の姿は見えず、ジンギスカンはたった一人になっていました。王の馬は足が強く、家来たちは王に追いつくことができなかったのです。しかしジンギスカンは気にもとめず、狩りを続けました。

②いつの間にか夕闇が迫っていました。ジンギスカンは無念に思いながらも狩りをあきらめてきびすを返しました。しかし、よほど深く山奥へ入り込んだのか、ジンギスカンは道に迷い、いくら探しても元の道に戻ることができませんでした。その上暑い日照りの中を一日中走り回ったので、ひどく喉が渇いていました。ジンギスカンは水を求めて泉を捜しましたが、あいにく長いこと晴天が続いていたので、それも見つかりませんでした。さすがの蒙古王も途方に暮れ、馬をとめて立ち尽くしました。

③その時ジンギスカンは、ずっと自分の側から離れないでいる忠実なお供がいることを思い出しました。それは自分の右手の握り拳に止まっている一羽の美事な鷹でした。鷹は狩りに使えるように良く訓練されており、空から獲物を見つけると矢のように急降下して、獲物に襲いかかるのです。ジンギスカンはこの鷹を、日頃からたいそう可愛がっていました。そこで、道に迷って困り果てたジンギスカンは、鷹に話しかけました。

「鷹よ。私の言葉が分かるのなら、水と、そして城へ帰る道を探してきておくれ。」

すると鷹は、主人の言葉を理解したらしく、さっと羽ばたくと空高く舞い上がり、たちまち見えなくなりました。

④鷹を見送ったジンギスカンは、そのまま突っ立っているわけにもいかず、再び先へ進み始めました。そしてしばらく行くと、思いがけず崖の岩の間から滴り落ちている水を見つけました。

「ああ、ありがたい。水があった。」

ジンギスカンは喜んで馬から飛び降りました。そして鞍につけてあった狩りの袋から小さな銀のコップを取り出し、その水を受け始めました。コップに水を溜めるには長い時間がかかりました。ジンギスカンは待つのももどかしく、ようやくいくらか水が溜まると、コップを口元へ運び

ました。

⑤するとその時、突然激しい羽ばたきの音がして、コップが王の手からはたき落とされました。ジンギスカンは一体誰の仕業かと不快に思いながら辺りを見渡しました。するとそれは王の愛する鷹の所行でした。鷹はグルグルと何度か岩の上を旋回し、それからそこに止まりました。『不思議なことをする鳥だ。』と首を傾げながらも、ジンギスカンは再び滴り落ちる水をコップに溜め始めました。

⑥ところがいざジンギスカンが水を飲もうとすると、再び鷹が矢のように舞い降りてきて、コップをたたき落としました。王は腹が立ちましたがぐっとこらえ、再びコップに水を溜めました。しかし鷹は3度目もコップをたたき落とし、ジンギスカンに水を飲ませようとはしませんでした。

⑦ジンギスカンは今度こそ本気で腹を立てました。やっとの思いで溜めた水を3度も無駄にされ、ジンギスカンは鷹の訳の分からない行動を許せなくなったのです。

「憎らしい鷹の奴め。いったい何のつもりだ。喉が渇いて死にそうだというのに。今度邪魔をしたら容赦しないぞ。」

そう言うと、ジンギスカンは短刀を抜いて右手に持ち、再度コップに水を溜めて飲もうとしました。するとまた鷹が舞い降りてきて、王の手からコップをたたき落とし、そのまま舞い上がろうとしました。しかしジンギスカンはその瞬間を待っていたのです。短刀を素早く一振りし、飛び去ろうとする鷹の身体を斬り裂きました。鷹はバサバサと王の足もとに落ちてきて、やがて動かなくなりました。

⑧これでもう邪魔をするものはいなくなりました。ジンギスカンは今度こそ水を飲もうとコップを探し回りました。しかし、コップが見あたりません。鷹が突き落とした拍子にコップは転がって谷に落ちてしまったようです。

「全く、いまいましい鷹だ。こんな風にわずかに垂れている水では、手

のひらに受けることもできない。せっかくの水をコップをなくして飲めないとは、よくよく運の悪い日だ。何が何でも水を飲んでやるぞ。」
と、ジンギスカンは不愉快そうに独り言を言いました。
⑨コップをなくしたジンギスカンは、しばらく思案しました。岩間から水が滴り落ちてくるということは、きっと岩をよじ登って崖の上に出れば、水たまりがあるに違いません。そう考えたジンギスカンは、険しい崖をよじ登り、滴の源である水たまりを目指しました。もうすっかり日が暮れていました。しかし、幸い月が出て、辺りは薄明るくなっていました。王が苦労して崖を登り切ると、思った通りそこには水たまりがありました。嬉しさに踊るような気持ちで水たまりに近づいたジンギスカンはすぐさま地面にひざをつき、水をすくい上げようとしました。
⑩その時、ジンギスカンは初めて何か長い棒のような物が水中に沈んでいるのを見つけました。不審に思いつつ何気なくその棒を眺めてみて、ジンギスカンは腰を抜かさんばかりに驚きました。それはなんと、猛毒を持つ巨大な毒蛇の死骸だったのです。
「危ないところだった。知らずに飲んだら蛇の毒で命を落とすところだった。飲まないうちに気づいて良かった。」
ジンギスカンはほっと胸をなで下ろしました。
⑪その時、ジンギスカンはまるで電気に打たれたように身を震わせ、棒立ちになりました。自分がさっき斬り殺した鷹の姿が脳裏に浮かんだのです。
「ああ、そうだったのか、鷹は私に教えようとしたのだ。私に毒のある水を飲ませまいと、何度も何度もコップを落として知らせようとしたのだ。そうとも知らずに私は鷹を斬り殺した。命の恩人に対し私はなんて酷いことをしたのだ！」
⑫ジンギスカンは急いで急斜面を滑り降りると、殺した鷹を拾い上げ、きつく胸に抱きしめました。

「許してくれ。わしが悪かった。」
鬼をも負かすといわれた英雄ジンギスカンの目から後悔の涙が流れ落ちました。

[２] 要約の技術２ 「因果関係法」

　「因果関係法」を用いて行う要約は、テクスト（文章）に書かれた「原因」と「結果」に着目して、必要な情報を抜き出す方法です。ここで重要なのは、疑問詞「なぜ」です。つまり、「なぜこの結果になったのか？　原因は何か？」という形でテクストを辿ります。
　「因果関係法」には、次の２つの実施方法があります。

A　テクストの冒頭から原因を抽出していって結果に辿り着く方法
B　最終的に提示された結果から遡ってその根本原因を探る方法

　２つの方法のうち、後者の方がスキルとしては高度です。しかし、慣れると時間が短縮でき、確実なのも後者です。
　この方法は、物語の他、因果関係が重要な要因である様々な文章に用いることができますし、日常生活の中で直面する多種多様出来事の重要点を把握するのにも役立ちます。

「因果関係法Ａ」は、次のようにして行います。
①対象となるテクストをしっかり読む
②最終的な「結果」を発見し、重要なキーワードにマーカーで印を付ける。印を付けるのは単語のみ（時系列に並べられた文章の場合、結果は概ね最終部分にある）
③テクストの冒頭部分に戻り、主人公、あるいはそのテクストに係わる人物などが最初に置かれた状況など、鍵となる言葉にマーカーで印を

付ける。必要に応じて5Wの疑問詞を用い、情報を取り出す
④最初に発生する「事件」の鍵となる言葉にマーカーで印を付ける。そして、「その結果どうなったのか？」と問いを立てる。最初の「事件」の「結果」が発見できたら、マーカーで印を付ける
⑤最初の「事件の結果」生ずる次の「事件」に印を付ける。「その結果どうなったのか？」と問いを立て、その「事件」の「結果」に印を付ける。同じ作業を繰り返す
⑥最終的な「結果」に行き着くことを確認する
⑦取り出したキーワードを繋げて要約文を作成する

　「因果関係法」で要約を行う場合には、テクストの本質的な内容に深く係わらない部分は取り上げません。ひたすらに、「ここに事件がある。その結果どうなったのか？」と問いを立て、事件の因果関係の鍵となる言葉を取り出していきます。

　「**因果関係法B**」では、最終的な結果から遡ってその根本原因に辿り着きます。①と②については、基本的な方法はAと同じです。その後はテクストの冒頭部分には戻らず、最終結果から冒頭へ向かって遡り、原因を探っていきます。その際、「**なぜこの結果になったのか？　原因は何か？**」と、問いを立てます。因果関係の抽出に必要な5Wの情報はむろん取り出す必要があります。

　先に「**因果関係法A**」で重要なポイントを取りだし、正しく取り出せたかどうかの確認のために「**因果関係法B**」を用いて、最終結果から原因を遡るという使い方も効果的です。

◆　課題2：因果関係法
　物語「ジンギスカンと鷹」に対し、「因果関係法B」を使って要点を取りだし、要約をしましょう。

[3] 説明文・論説文などの要約

　日本の学校教育の中で主に実施されるのが、説明文、評論文などの要約です。ところが、例えば言語技術を実施する国々で母語教育の中で扱われる要約の技術は主として物語で、評論文などについては、内容の抜粋(Excerpt)の形では指導されるものの、あまり時間をかけません。それには明確な理由があります。

　評論文などが要約の対象とならないのは、作文技術と深く関わっています。そのような文章は必ずエッセイの形式、つまり論文の形式で書かれることになっており、その形式は厳密に規定されています。5段落の小論文を例に取ると、次のようになります。

序論	序論の最終部分に、小論文の中で主張する論題(Thesis statement)を記述する
本論1	段落(パラグラフ paragraph)の最初の文(トピックセンテンス Topic sentence)で、その段落の内容を予告する。あるいはその段落で最終的に述べる内容を簡潔に提示する。
本論2	上に同じ
本論3	上に同じ
結論	序論で述べた論題を別の言葉で言い換えてまとめる

　このように、論文形式では、序論の最後の部分に示された論題と本論の各段落の最初の文、そして結論で再主張された論題を拾い読みすれば、筆者の主張はおおよそ掴めるわけです。この意味で、論文形式で書かれた文章の要約は実は難しくはないのです。

　また、論文形式で書かれていない評論文が要約の対象になることはまずありません。そうした文章が教育現場に持ち込まれることはないから

です。評論文などの要約については、「第Ⅳ部　作文技術」の「2. パラグラフ」と「3. 小論文」を参照してください。

【注】
1)（有）つくば言語技術教育研究所(2005)「ジンギスカンと鷹」『再話のための物語集』、（有）つくば言語技術教育研究所、62-65 ページ。

4. 説明

このあいだ行ったところ素敵だったわよ！とにかく豪華でね。それに緑に囲まれてるの。食事が最高だったわ。そう言えば、窓から遠くに海が見えたわ。二人も一度行ってみると良いわよ。結婚式に最適だわ。

ホテル？

レストラン？

いいねえ！　僕も今度ぜひ行ってみたいなあ！

彼女の話、いつも何が言いたいのか不明なんだよね…。合わせるの大変…

「説明」は、他者に対してわかりやすく情報を伝達することをその目的とし、家庭、学校、大学、企業を問わず、あらゆる場所でごく基本的に必要とされる行為です。物の作り方、道案内、実施方法、ある計画について、ある物の様子について、ある状況についてなど、言葉で説明する機会は絶えずあります。大学で課される、レポートや小論文なども、自分の考えを簡潔かつ論理的に読者に伝達するという意味で、説明の範疇に入ります。自分では説明しているつもりなのに、相手にさっぱり趣旨が伝わらないということにならないよう、この「説明」のトレーニングでしっかりとそのスキルを獲得しましょう。

[I] 説明の種類

説明は大きく分けて次の2種類に分類できます。

A	時系列 Chronological order Time order	時間の順序に従い、一般的には古いものから順に情報を並べる方法
B	空間配列 Spatial order Space order	空間的に提示された情報を、大きい情報から小さい情報(全体から部分)に向かって並べる方法

　時系列と空間配列の説明に共通して求められるのは、情報の論理的な提示です。ただ両者では、上記のようにその説明する対象が異なります。

　時系列の説明は、Chrono(＝Khronos(ギリシア語)＝時間)をlogical(論理的)に提示します。一般的なのは、「始めに、次に、最後に」などのつなぎの言葉を用いて、情報を時間の流れに沿って秩序立てて整理する方法です。この方法は日本の小中学校でも、「やり方、作り方、手順、実施方法」の説明をする課題などを通して学習します。

　一方、空間配列の説明は、Spatial(空間)として提示された情報を論

理的に提示します。この場合の論理的とは、提示すべき情報に優先順位をつけ、大きい情報から小さい情報へと入れ子状に情報を提示することです。空間配列の難しさは、伝達すべき対象が持つ様々な部分の中で、どれを最優先で伝達し、どれを後回しにすべきかを、情報の伝達者が自分で判断しなければならない点です。この点、時間の流れの中でどれが古くどれが新しい情報かがはっきりしている時系列の説明と大きく異なります。

　もう一つ重要なのが、空間配列の考え方が、その後の物事の捉え方や考え方に大きな影響力を与える点です。一度空間配列のスキルが身につくと、ある対象を見たとき、無意識に大きなものから小さなものへと視線を動かしたり、頭の中で空間配列のルールに従って情報を整理したりするようになります。そのため、空間配列が身につくと、情報提示の仕方に変化が現れるだけでなく、情報の取り入れの過程での頭の働き方まで変わってきます。

　日本では残念ながらこの空間配列を教育現場で学習する機会はほとんどありません。それどころか、日本語訳も確定していません（本書では便宜的に、spatial order を空間配列と呼びます）。一方、言語技術を実施する国ではこの空間配列を、小学校4～6年生の頃に学習し、スキルが身につくまでトレーニングが繰り返されます。その理由はすでに述べたとおりです。

　日本人が英語、並びに欧米の言語を学習するとき、この空間配列のスキルは実は非常に重要です。言語技術を子どもの時から学習してきた人々は、情報は空間配列で提示されるものと思い込んでいます（それほど徹底的にトレーニングを受けているとも言えます。これはこの空間配列の訓練が、発育途上にある小学生年代に置かれていることからも明白です）。そのため、空間配列を無視して情報を並べると、「どうも話している言葉は英語のようだし、文法も英語のようだけど、何を言いたいの

かよく理解できない」という事態が発生します。このような状況に陥らないためにも、まず母語である日本語で、空間配列のスキルをしっかりと身につける必要があります。

　というわけでこの「説明」のトレーニングでは、すでにあなたが知っている時系列の説明は省略します。そして、空間配列の説明のみを取り上げます。

[２] 空間配列

❶──日本人によく見られる説明の例

　空間配列の具体的なルールに言及する前に、多くの日本人に一般的に見られる説明のあり方を考えましょう。ここでは、フランス共和国の国旗を材料にします。

◆　課題

　フランス共和国の国旗について、相手が頭の中に絵を描けるように、言葉だけで説明しなさい。その相手は、国旗というものは知っているものの、フランス共和国のそれがどのようなものなのかは知りません。相手はあなたと同じく、普通の日本の大学生（社会人）です。

　ちなみに国旗は、空間配列のルールを発見するための材料です。この課題では、フランス共和国の国旗の説明をすることがその最終目的ではなく、それを用いて空間配列のルールを発見することを目的とします。

　上記のような課題を出すと、多いのが次のような説明です。

> フランス共和国の国旗の色は、赤と青と白の３色旗です。縦に３等分になっていて、その色には「自由・平等・博愛」という意味があります。

　あなたがもし全くフランス共和国の国旗を知らなかったとしたら、こ

の説明からその国旗を即座に頭に思い浮かべることができるでしょうか。全く問題ないという人は、恐らく元々フランス共和国の国旗を知っていた人、あるいは国旗とはこんなもの、と最初から思い込んでいた人です。そのため、説明に不足している部分や不明瞭な部分を、無意識に補って考えてしまったわけです。

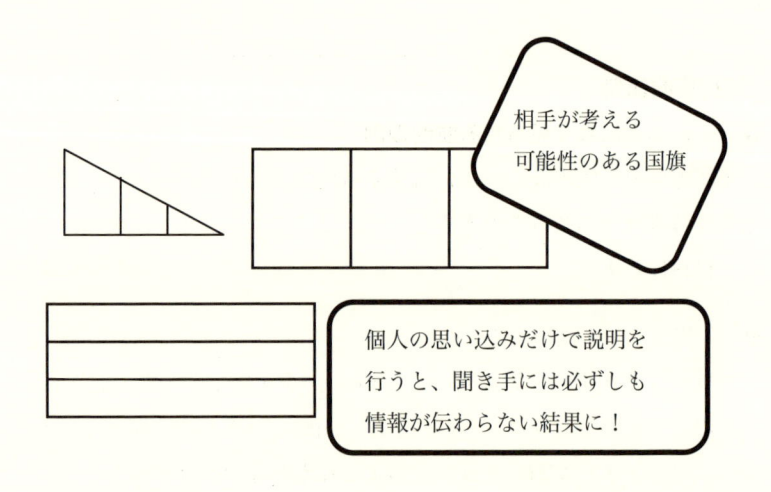

相手が考える可能性のある国旗

個人の思い込みだけで説明を行うと、聞き手には必ずしも情報が伝わらない結果に！

「相手は国旗というものは知っている」ので、国旗の定義の省略は可能ながら、この説明には次のような問題があります：

- いきなり、「色は、赤と青と白です」と説明が始まり、聞き手としては、その色の納め場所がない。色が提示された時点で、その置き場が提示されていないため、その情報が出てくるまで、聞き手は色の情報を頭の中に保存しておかなければならない。
- 「縦に3等分になって」いるでは、縦線の3分割なのか横線の3分割なのか曖昧(実際にこの説明で、縦の線が3分割だと勘違いし、オランダ王国の国旗を描く人々が複数存在)。

- 具体的な色の提示とその意味の提示の間に模様の説明が割り込んでいる
- 最後まで模様と色を置くべき場所の提示がない

❷──空間配列のルール

　空間配列の説明には、明確なルールがあります。このルールを守って説明を行えば、情報が相手にとってわかりやすくなるばかりでなく、英語やドイツ語、フランス語など、他の言語に置き換えたときにも速やかに通じるようになります。

表2.3　空間配列のルール

大原則	小原則
概要から詳細 全体から部分 大きい情報から小さい情報	左から右(右から左) 上から下(下から上) 手前から奥(奥から手前) 外から中(中から外)

　空間配列の基本的なイメージは、「逆三角形での情報提示」です。これは次のような意味です。ある対象物について言葉で説明する場合に最優先されるのは大原則、つまり何がその対象物において最も全体的な情報なのか、あるいは大きな情報なのかという点です。この大原則に従って、提示すべき項目の優先順位を整理します(次ページ図2.7参照)。

　全体の情報提示ができたら、今度は部分の情報提示に移ります。部分の情報を提示するときには小原則が機能します。つまり、左から言うのが有効なのか、上から言うのが有効なのかを検討します。ただし、部分の情報提示の際にもその部分における全体の情報、大きな情報が何かを常に考える必要があります。このようなルールに則って説明を行えば、秩序だった論理的な説明が可能になります。

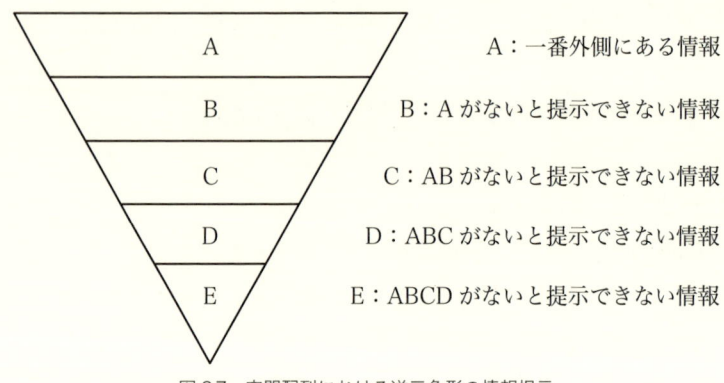

```
        A           A：一番外側にある情報
       B            B：Aがないと提示できない情報
      C             C：ABがないと提示できない情報
     D              D：ABCがないと提示できない情報
    E               E：ABCDがないと提示できない情報
```

図 2.7　空間配列における逆三角形の情報提示

　こうしたルールを無視して行ったのが、先のフランス共和国の国旗についての説明です。この説明は、全体にも部分にも頓着なしに、いきなり思いついたところから説明を開始しています。このような説明をする人々の考えは、おおむね次のようにまとめられます：

- 国旗の形は常識的に横長の長方形で、その比率はおおよそ縦2、横3なので、その説明をする必要はない
- 色が一番目立つので、そこから説明すると分かりやすい
- 色の配置をどちらから見ようが自由。しかし、色の意味については、「自由・平等・博愛」というのが一般的なので、それを採用した方がよい

❸──空間配列のルールに則ったフランス共和国の国旗の説明
　ここでは、空間配列のルールに則って、フランス共和国の国旗の説明に挑戦しましょう。そのルールを理解しやすくするため、ここでは段階を追ってその情報整理の方法を見ていきます。

➢ 第1段階：必要な項目を発想する

フランス共和国の国旗を空間配列するために必要な項目（カテゴリー）を発想します。

色 ／ （全体の）形 ／ 模様 ／ 色の意味

➢ 第2段階：項目の優先順位を考える

4つの項目の中で一番大きな情報、最優先すべき情報はどれかを考えます。これを考えるときには、最優先項目と他の項目との間にどのような関係が成立しているかを検討します。

✧ 「(全体の)形」を最優先項目とする場合、その他の項目との関係はどうなっているか？
「(全体の)形」がないところに、色を塗ったり、模様をはめ込んだりできるか？
色や模様は、全体の形の中に収まっている。従って、最初に 全体の形の情報を提示しないと、色や模様に言及できない

✧ 「色」と「模様」ではどちらが優先項目か？ フランス共和国の国旗の場合は、「模様」の中に色が収まっているので、「模様」の項目を優先しないと、色を収める場所がない

✧ 「色」と「色の意味」ではどちらの項目が優先か？ 「色の意味」は「色」の情報が提示されて初めて言及できるので、当然「色」の項目が優先

上記のように検討しながら、項目の優先順位を決めていきます。

> 第3段階：項目ごとの説明方法を考える

◆ 形
横長の長方形
比率は縦2、横3
＊「横長の長方形」は、「比率」の情報より大きな情報

◆ 模様
縦縞
縞は3本
幅は均等
＊模様については、「縦縞」という柄の種類を最初に出し、それからその縞が何本あり、さらに幅がどのようになっているかを説明する

◆ 色
3色
左から青・白・赤
＊「色」については、右から述べることも可能。実際に日本人は、右から言う人が多い。ただし、「中→左(右)→右(左)」の順序は選択しない。色が3色までの場合は、この言い方でも通用する。しかし、4色、5色になった場合、中央の色から述べることはできない。4色の場合にはそもそも中央がないし、5色の場合には説明が複雑になりすぎるからである。説明では、その方法を普遍的に応用できることが重要なので、色は常に端から述べる

◆ 色の意味
青が自由、白が平等、赤が博愛
＊「色の意味」まで言及する場合、その一つ前の項目である「色」は、必ず左から述べる。これは、「色の意味」は、「自由・平等・博愛」の

順で言うことになっており、それぞれ青が自由、白が平等、赤が博愛に対応するからである。「色は右から順に赤、白、青です。その意味は……」と言われると、聞き手は自動的に赤の意味から説明されると予測する。しかしその予測が裏切られると聞き手は混乱する。説明は、聞き手が予測しながら聞く時にもっともよく理解されるので、「説明ではフェイントをかけない」が鉄則である。

　空間配列の手順を第1段階から第3段階まで終了したら、トレーニングの段階では、必ず考察した事柄をパラグラフ形式で記述しましょう。空間配列のスキルを身につけるための早道は、必ず記述に落とし込むことです。これを行うことにより、例えばフランス共和国の国旗の空間配列方法を2度考えることになるからです。
　フランス共和国の国旗についての説明をパラグラフ形式で記述すると、次のようになります。

> 　フランス共和国の国旗は、次のような様子をしている。国旗の形は横長の長方形で、その比率は、縦2、横3である。模様は縦縞で、3本の縞の幅は均等である。色は3色で、左から青、白、赤である。それはそれぞれ、自由、平等、博愛を象徴する。以上がフランス共和国の国旗である。

　空間配列の説明方法を理解し、身につけるためには、何度もトレーニングすることが必要です。項目を取り出し、その優先順位を素早く判断できるようにするためには、何よりも繰り返しのトレーニングが重要になります。

> 💡 空間配列＝「逆三角形」の構成が理解できない場合、「空間配列＝入れ子状」と考えましょう！ 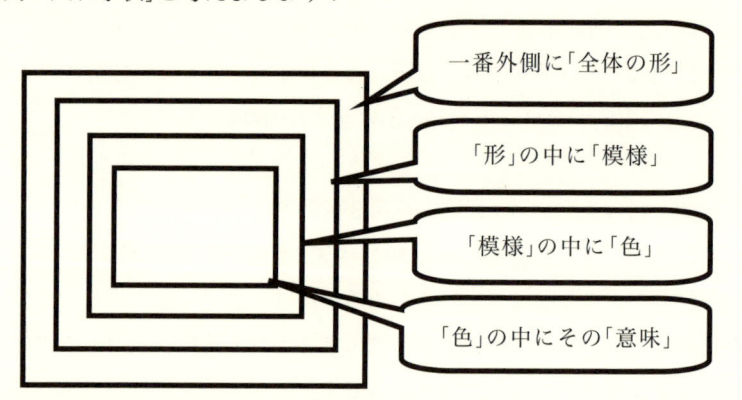
>
> - 一番外側に「全体の形」
> - 「形」の中に「模様」
> - 「模様」の中に「色」
> - 「色」の中にその「意味」
>
> 外から中に導くよう(inductive／管の外から中に入るように)説明に優先順位をつける。
> 逆に、中から外へ導くような(deductive／管の中から外へ出るような)情報提示はしない。

◆ 課題1：中華人民共和国の国旗

中華人民共和国の国旗を空間配列のルールを用いて説明しましょう。グループで説明の方法を考え、パラグラフ形式で(第Ⅳ部2.参照)記述しましょう。

◆ 課題2：アメリカ合衆国の国旗

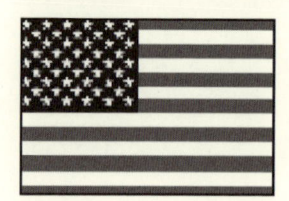

アメリカ合衆国の国旗を空間配列のルールを用いて説明しましょう。グループで説明の方法を考え、パラグラフ形式で記述しましょう。

◆　課題3：風景画

　風景画を空間配列のルールを用いて説明しましょう。グループで説明の方法を考え、パラグラフ形式で記述しましょう。

［3］描写——主観を入れて説明する
　空間配列のルールに則って情報を説明できるようになったら、客観的な説明に主観的な要素を加味して説明するスキルを学習しましょう。描写をする場合には、情報の枠組みを空間配列のルールを遵守しながら作りつつ、一つ一つの部位に感情や意見を反映させていきます。ここで注意すべきは、ものの形、様子、状況などの提示はあくまでも全体から部分へ移動しながら(つまり空間配列のルールを守りながら)説明しつつ、そうした客観的な情報と首尾よくバランスをとりながら、主観的な情報を載せていくことです。

➢　例
　フランス共和国の国旗は美しい国旗である。形は適度な横長の長方形

で、その比率は縦2、横3である。模様は釣り合いのとれた縦縞で、縞は3本、幅は均等である。色は3色で、左から海のように深い青、目にまばゆい白、そして鮮やかな赤である。色はそれぞれ、自由、平等、博愛を象徴しており、色とその意味とが見事に調和している。以上がファッショナブルなフランスにふさわしいフランスの国旗の様子である。

◆　課題4：主観を入れてイラストを描写する。

　　　　　　　　　　　　　　　　　　　　　　美しい金髪
　　　　　　　　　　　　　　　　　　　　　　かわいい髪飾り

抜けるよう
な青空に入道雲

　　　　　　　　　　　　　　　　　　　　　　愛らしい笑顔

はにかんだよ
うな笑顔

　　　　　　　　　　　　　　　　　　　　　　かわいいハート
　　　　　　　　　　　　　　　　　　　　　　のTシャツ

涼しそうなサファ
リ・ジャケット

　　　　　　　　　　　　　　　　　　　　　　カメラに熱中す
　　　　　　　　　　　　　　　　　　　　　　る少年と少女

[4]**重要度の順序(Importance Order)**

　空間配列を理解したら、重要度を重視して順序立てる方法にも挑戦しましょう。ここでも全体に関わる情報が最優先すべき重要な情報となります。

　情報は基本的に次のように並べます：

　最重要な情報→重要な情報→通常情報→軽度な情報→最軽度な情報

◆課題5：道案内

　重要度の順序を用いて道案内を行いましょう。グループで説明の方法を考え、パラグラフ形式で記述しましょう。

ここでは東西線泉駅から「カフェ南風」までの道順を考えます。次の情報のうち、道案内における「全体の情報」つまり、情報として最優先すべき重要なものはどれでしょうか？　あるいは、道案内を依頼する場合、依頼する側として最初に提示してほしいのは、A〜Cのうちいずれの情報でしょうか？

A　具体的な道順の説明
B　時間と手段(徒歩・バスなど)
C　距離

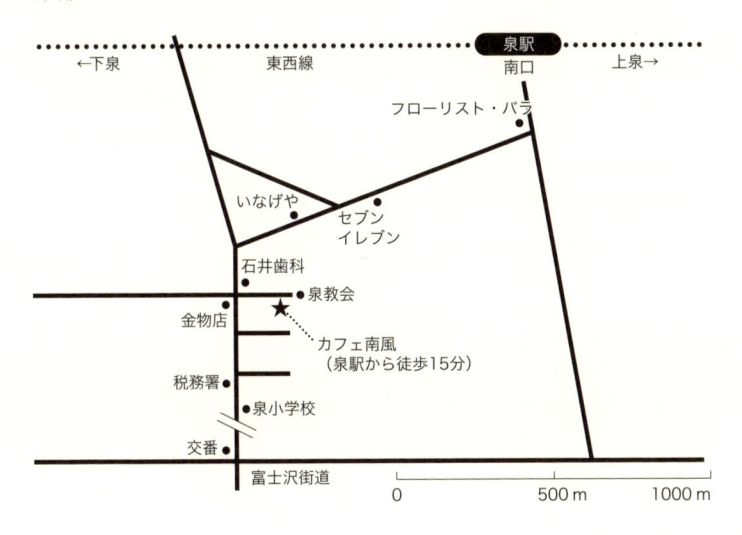

5. 報告

　今回の夏期休暇には、アメリカの語学学校に留学し、英語を学んできました。世界中からの留学生と知り合うことができ、貴重な経験となりました。
　大学が夏期休暇に入った7月5日、僕は成田からボストンに旅発ちました。初めての国際線搭乗で緊張しました。キャビンアテンダントが外国人だったんですよ。ちなみに帰りも外国人だったけど、さすがに英語にもだいぶ慣れていたので楽勝でした。ボストンに着くと、早速英会話学校に行き、その日のうちにクラス分けのテストを受けました。英語には結構自信があったのに、振り分けられたのは下から4番目のクラスでした。日本人が多くて、休み時間は日本語を話すことが多かったですね。それから……

お願いだからもっとわかりやすくポイントを絞ってくれないかな。事実と意見が混ざってわけがわからないし、時系列で一応整理されているみたいだけど、報告すべきことっていつ何をしたかってことだけ？

報告とは、ある経験や仕事の進捗状況、ある事象の経過、調査研究した内容などの情報を相手に伝達する行為です。報告する場面は、日常生活の中で数多くあります。休暇中の体験を友達に報告する、一人で参加したイベントの様子を友達に報告する、自分が参加した講座の内容を人に報告する、目撃した事故の様子を警察官に報告する、依頼された仕事の進捗状況を依頼者に報告する、ある調査や研究について報告書(レポート)を書く、新聞記事を書くなど、報告のスキルは生活の様々な場面で必要になります。

［Ⅰ］トレーニングの目的

　報告のスキルをトレーニングするのには、次のような目的があります：

- ➢ 情報の重要度の順序(Importance order)に従って、焦点を絞り、優先順位をつける力の育成
- ➢ 報告の目的を明確化し、報告を受け取る対象を意識して情報をまとめる力の育成
- ➢ 時系列(Chronological order)を意識して内容を並べる力の育成
- ➢ 空間配列(Spatial order)を意識して内容を提示する力の育成
- ➢ 事実と意見の峻別力の育成
- ➢ 一文一義——簡潔で客観的、具体的な表現力の育成
- ➢ 5W1Hを意識する力の育成

　トレーニングの目的を見れば一目瞭然のように、報告のスキルを育てるには、「対話」や「物語」「説明」で養った力を総動員する必要があります。報告のスキルを身につけるには、それだけをトレーニングすればよいわけではなく、他のスキルを総動員しつつ、報告で必要とするスキルの特化を目指す必要があるのです。

[２] **物語の報告文への書き換え**

物語と報告文は、ある対象の状況について記述するという点では共通性を持ちます。しかしながら、その構成は異なります。物語は、物語の構造を用いて提示されます。一方、報告文はパラグラフ、あるいは小論文(Essay)の形式を用いて提示されます。また、両者はその記述方法も異なります。物語は、物語の構造に従って、劇場効果を狙い、生き生きと緊迫感のある調子で書きます。一方、報告文は、淡々と客観的事実に即して書きます。ここでは物語を報告文に書き換えることを通して、報告文の役割を考えましょう。

◆ 課題１

「ジンギスカンと鷹」(62－66ページ)の物語を、パラグラフ形式(「Ⅳ作文技術 ２パラグラフ」に詳しく解説)で報告文に書き換えましょう。あなたが取材先〔○△〕で聞いた蒙古王ジンギスカンにまつわる事件(ジンギスカンと鷹)〔○○年６月15日発生〕を、自分の仲間に宛てて報告するつもりで文章を書きます。

✧ 報告文はいきなり書かず、まず記述内容を下記に整理します：

パラグラフの部位	内容
トピック・センテンス 事件の全体像の予告	
サポーティング・センテンス 事件の要約	
コンクルーディング・センテンス 事件のまとめ ＊意見不要	

✧ 情報の整理ができたら、事件「ジンギスカンと鷹」についてパラグラフで報告文を記述します。

［3］新聞記事

　新聞記事を書いてみましょう。新聞記事では、ある事件について、記者の主観を廃し、可能な限り客観的に事実を報道します。パラグラフの形式と5W1Hを意識し、読者に事実が明確に伝達できる記事を書きましょう。

　新聞記事は、一般的に次のような構成になっています：

> ✧　見出し：記事の題名
> 　　　　　〔雑誌とは異なり、奇をてらった題名不要。記事の要を端的に表現する題名を選択〕
> ✧　リード：記事の概要―本文に先立って書かれ、記事の内容をかいつまんで提示
> ✧　本文：　パラグラフ形式で、対象の重要点を論理的に記述

　新聞記事は、限られた紙面の枠の中にぴたりと収まるように記述しなければならないため、決められた字数の中で、内容が最大限に効率よく伝達できるように工夫する必要があります。

◆　課題2

　次ページのコマ漫画の内容を参考にし、500字程度で短い新聞記事を書きましょう。記事は次のような手順を踏んで記述します：

✧　コマ漫画の内容について、グループで5W1Hを検討する
✧　検討内容に基づき、記事の本文の部分を記述する

記事は読みやすさが命です。一文一義〔一つの文で一つの意味のみを表す〕にし、読点をできるだけ少なくします。
✧ 本文に基づき、的確な見出しとリードを考える

「銀行強盗」
・場所：つばき銀行大島支店東京都〇〇区大島1丁目
・日時：〇〇年6月15日(水)午前9時過ぎ
・人物：犯人◇田口男(35歳・無職)/父△村〇太(38歳・K百貨店勤務)/
　　　　息子〇輔(5歳・長男)

[4]**事故の報告**

　大学構内にいたあなたの目の前で何らかの事故が起きたとき、あなたはどのように対応をしますか？　その事故を目撃した人は複数いたものの、あなた自身がその事故に対し何らかの行動をとることになった場合、あなたには少なくとも、次のような対応が求められるはずです：

✧　緊急連絡
　　携帯電話などを用いて、可及的速やかに必要な部署に事故の発生を伝達する

　さらにあなたの緊急連絡を受けて、必要な対応を行った部署の担当者は、事故の繰り返しを避けるために、上司に報告書の提出を求められました。この報告書にはどのような内容を記述すべきでしょうか？　ここでは、緊急連絡と報告書の記述方法を考えてみましょう。

◆　課題3
　下の絵で提示された状況についてグループで議論し、次の文章を作成しなさい：

- 自転車がスピード出し過ぎ。私がちょうど見たとき、あの自転車、ものすごいスピードで正門の方から入ってきた。ここは歩道よ！
- あの藪のそばにヘッドフォンが転がってる！私は自転車に乗っていた人は音楽を聴いていたと思う！
- それ、僕も見たよ。自転車に乗っていたやつは明らかに音楽か何か聴いていた。ヘッドフォンをつけていたからね。
- 歩行者の方も、誰かに声を掛けられて、後ろを振り向いていたよ。大丈夫かな、彼女。倒れて意識失っていたじゃないか。
- 彼女の方は、衝突の直前後ろを向いていて、自転車が正門の方から突進してくるのに気づいていなかったみたい。
- ぶつかった瞬間、急ブレーキの音とドスンという激しい音がしたわ。
- 自転車の方は「危ない！」と怒鳴っていたから、少なくとも衝突を回避しようとはしたみたいよ。
- 怖いわよね。構内の自転車走行について大学でルールを設けるべきだわ！
  4年の○川さんの対応が早くて、彼女すぐに救急車を呼んでいたわ。さすがよね。

事故現場：
J大学メインストリート7号館前
事故の発生：
2012年6月15日(金)
15時45分頃
自転車の走者：○林△太(2年)
歩行者：　　　△村○美(3年)

- 緊急連絡

  緊急連絡の目的は何か？　この事故の場合、どのような内容を緊急に連絡する必要があるか？

- 報告書

  報告書の目的は何か？　この事故の場合、どのような報告書を記述すべきか？

  事故の状況と、それを見ていた学生たちの言葉を総合して、報告書を記述する

6. 記録

重要な話し合いは、音声記録し、その後文書にまとめて当事者が文書にサインをする。これで記録文書は正式に法的拘束力を持つ文書に変身！

公的な文書だから、筆者の主観の混入は厳禁！ でもこれが難しい！

「記録」とは、状況、交渉、議論、会議の内容などについて、その重要な経過やそれらの主要な結果を客観的に正確にまとめ、読みやすい形で提示されたものです。こうした「記録」の中に分類されるのが「議事録」です。議事録については、学校教育の中ではせいぜい学級会や生徒会などの会議(話し合い)についてまとめる程度の役割しか持ちません。しかし、企業に入ったとたん会議は日常的なものになり、議論した内容を文書にまとめ、議事録を議論内容の重要な証拠とすることも珍しくありません。実際に大学卒業後商社に勤務し、当時の東ドイツに自動車部品の工場を建設するプロジェクトに携わっていた私の主な仕事は、ドイツ語で記載された議事録の翻訳でした。ここでは記録文としての議事録の役割と書き方を扱い、客観的に正確に書くトレーニングをしましょう。

［1］議事録の訓練の目的

　議事録は、日本では企業に入ってから必要に応じて書き方を指導される文章形式のようです。ところが例えばドイツでは、これが中学から高校の段階の教科書の一項目になっており、その位置づけは、要約の訓練の次の段階です。それは、目の前で話された内容を正確に聞き取り、客観的な言葉で論理的に正確に文章に落とすための訓練の一環として議事録が位置づけられているからです。偏った見方で主観的に議論の内容を聞き取るのではなく、中立の立場で聞き取った内容を客観的な言葉で文章に記すのは簡単そうに見えて実は相当に難しい作業です。この作業を通して、事実と意見を分類する能力、客観的に正確に言葉を使う能力が訓練されることになります。そしてこうした能力は、レポートの記述や小論文、論文の記述にも欠かせないものなのです。

［2］議事録の役割

　議事録は、会議等の内容を文書の形でまとめたものです。その主な役

割は次のようなものです：

① 会議等の検討内容や結論などを文書の形で確認
② 会議等の検討内容や結論などを後日の資料として保存
③ 会議等の欠席者に対する正確な情報の提供

　議事録については、議論に参加した主要メンバーが内容を確認後に互いに署名をすると、その議事録は会議内容の重要な証拠となります。署名をもって、その議事録は法的な拘束力を持つものと考えられることになるからです。それだけに、議事録には交渉の事実を客観的な言葉で正確に記述することが求められ、微妙な言葉や行き違いの生ずる可能性のある言葉は用いないなどの配慮も必要です。

　議事録はこのように、法的効力を持つ可能性のある重要な文章ですので、その作成には大いに気を遣う必要があります。議論された内容を、誰もが確認できる客観的な言葉で、正確に論理的にまとめて記録として残すこと、それが議事録の役割です。

[3] 議事録の種類

　議事録の記述方法については、私自身が実際に商社の現場で経験したドイツの例にならい、ここでは2種類の方法を用いて訓練します。経過の議事録と結果の議事録[1]です。

　議事録作成の訓練の過程で、この2種類の議事録の作成方法を身につけることには大きな意味があります。経過の議事録の記述を通じて、話されている事実を客観的に正確に、内容の本質を要約しつつ記述する力が身につき、結果の議事録の訓練を通じて、要点を整理してまとめる力がつくからです。

❶——経過の議事録

　経過の議事録は、議論等において発言された内容を時間的経過に従って記述するものです。経過の議事録の記述には次のような決まりがあります：

- 発言については、発言者の名前と内容を簡潔に記述する
- 発言内容には基本的に間接話法を用いる。つまり、かぎかっこを外して記述する。ただし発言内容が重要な場合、発言された言葉自体に重要な意味がある場合は、発言者の言葉をそのまま引用してかぎかっこで括る
- 提案、契約、決定事項などは、必要に応じて発言された言葉を引用して記述する
- 文章の形式で記述する
- 内容のまとまりごとに項目を設定して記述する

　経過の議事録を記述するにあたって注意しなければならないのは、議事録は速記ではないという点です。速記、あるいはテープ起こしのように発言内容をそのまま全て記述するのとは異なり、議事録では、重要点、本質的な点を記録することが目的ですので、あまりに詳細すぎる部分、些末な事柄の記録は不要です。

〔悪い例〕
　議長が、また、発言するのですか、と言ってＳを指名する。
〔重要なのはＳの発言内容であり、議長の主観の混じった言葉は不要〕

　また、議事録は台本ではありません。そのため台本のように発言者の名前を外に出しての記述はしません。さらに、発言の際に用いられた敬体をそのまま使って書くこともしません。

> 〔悪い例〕
> 議長：次に、実施時期についての検討に入ります。意見のある人は挙手をお願いします。あ、橋本さん。
> 橋本：はい、私は5月の連休が妥当だと思います。その時期は…

❷──結果の議事録

　結果の議事録は、議論等において発言された内容を整理し、到達した結果や結論、決定事項、中心的な考えのみを記述するものです。結果の議事録の記述には次のような決まりがあります：

- 時間的経過に従って記述する必要なし。順不同可
- 内容のまとまりごとに項目を設定して記述する
- 発言者の名前は特に重要でなければ記述しない
- 箇条書きで記述する

　このような決まりからも明らかなように、結果の議事録は議論内容を整理してまとめる作業となります。つまり、議論の要旨提示の役割をするのが結果の議事録です。

　結果の議事録と経過の議事録の2種類の議事録が存在するのには、それぞれ明白な理由があります。結果の議事録だけですと、そこに記されるのは決定事項のみですから、誰がある発言に責任を持つのか、誰が肝心の発言をしたかなどが明らかにされず、後々交渉が紛糾したときなどの責任の所在が不明確です。また、議論がどのような紆余曲折を経てある決定に至ったのかも不明です。一方、経過の議事録は、議論の経過を辿って記述してあるため、議論の末にどのような結論に至ったのかを知るのに時間がかかります。議事録に最後まで目を通す必要があるからで

す。つまり、2種類の議事録は相互で補完関係にあるのです。一般的には、結果の議事録を上に置き、その下に経過の議事録を繋げる、という形で議事録は作成されます。こうすることによって、時間がない第三者は結果の議事録にさっと目を通せば、議論の要旨は掴めることになります。一方、その議論内容をめぐって問題が生じたときには、経過の議事録に目を通し、確実に内容を把握します。

［4］議事録の書き方

議事録の記述訓練は、テレビで実施される公開議論などのビデオ録画や録音テープなどを用いて行います。議事録を記述するには、次のような過程を経ます：

① 議論等を録音する
② 録音を元に内容の要点をメモする。発言者毎に分けてメモする
③ 発言者の言葉を勝手に置き換えたり、異なる意味の言葉にすり替えたりしない。間違いなどを訂正したり、補足したりしない。記録者の見解、批判、印象等を加えない
④ 3人称で書く。1人称は用いない
⑤ 常体で記述する（敬語は不要）
⑥ 一文一義。簡潔に分かりやすく書く
⑦ 経過の議事録→結果の議事録の順序で記述する
⑧ 提出用の組立は次のようにする
  - 必要事項【日付・場所・時間・議長・出席者・欠席者・議題・検討事項】（欠席者は内容に責任を持たないことを明確にすべく、欠席者名を記入する）
  - 結果の議事録
  - 経過の議事録

⑨【正式な議事録の場合】出席者全員、あるいはその代表者が内容を厳密に確認の上署名

◆　課題

　議事録を実際に書いてみましょう。次に議論の例を一部載せますので、この議論を用いて経過の議事録を記述してみましょう。J大学の社交ダンス部で学園祭の催し物について会議を開いているという設定です。

　議事録を作成する際には、まず、下記の表「日付、場所、時間、議長、出席者、欠席者、議題、議題」を貼り付けます。その下に、結果の議事録、さらに経過の議事録を続けましょう。

日付	○○年○月○日〔曜日〕
場所	J大学1号館15号教室
時間	15時30分～16時
議長	部長〔沢木〕
出席者	部員35名
欠席者	宮内〔1年〕・椿本〔2年〕・山口〔3年〕
議題	学園祭の催し物について
議題	1. 学園祭に参加するかどうか 2. 参加の場合の催し物

議長：今日は学園祭での催し物について議論します。まず、社交ダンス部として参加するかどうか決を採ります。学園祭への参加に賛成の人挙手して下さい。【挙手を確認】賛成33人、反対2人という結果でしたので、学園祭に参加することに決定します。それではこれから、催し物について具体的に議論します。まず、どのような催し物が出せるか、そこに絞って検討します。皆さんの意見を出してください。

鈴木：僕は社交ダンス講習会がいいと思います。社交ダンスに興味のない人達にどのようなものなのかを知る機会を提供するのは意義があるのではないでしょうか？
太田：あ、それいいね。
議長：別のアイディアはありますか？
内田：社交ダンス講習会ではなく、自由にダンスをする会場を開催してはどうでしょうか？　社交ダンスと銘打ってしまうと入りにくい人たちもダンス会場なら気楽に入れるのでは？
太田：あ、それも良い考え！
議長：他に催し物のアイディアはありますか？……なさそうですね。ではまず、鈴木君の出した社交ダンス講習会について検討しましょう。皆さんの意見をお願いします。
木内：私は鈴木君の意見に賛成です。社交ダンスについて偏見のある人もいますから、そういう人達にダンスの良さを知ってもらうには講習は良い機会ではないでしょうか。
中野：一般的には、社交ダンスの方法そのものを知らない人の方が多いし、男子の中には社交ダンスを認めていない人もいますよね。そういう人たちにアピールするという意味で、社交ダンス講習会はよいアイディアです。
倉本：ほんとですね。
野山：賛成です。僕も実は何となくダンス部に入ったのですが、ダンスはやってみると実に奥深い。でも日本の日常生活の中ではダンスに触れる機会はないので、学園祭などでちょっと触れてみる機会があれば、興味を持つ人が増えるのではないでしょうか？
山川：私もそう思います。ちょっとやってみると意外にその面白さが分かるものです。その機会を学園祭で提供するのは、社交ダン

ス部にとっても大切なことです。
中野：学園祭は多くの人が集まります。その機会に社交ダンスに触れる機会を提供して、ダンスに興味を持ってもらえるといいですよね。普段は別のサークルに入っているけれど、一度社交ダンスをやってみたいと思っている人もいるでしょう。そういう人たちに機会を提供するのは重要です。
議長：他に意見はありますか？……特にないようですね。では、今度はダンス会場について検討しましょう。内田さん、もう一度先ほどの意見をお願いします。
内田：私は、自由にダンスをする会場の提供を提案します。社交ダンスと銘打ってしまうと入りにくい人たちもダンス会場なら気楽に来てくれるのではないでしょうか？
川井：講習会を開いても、興味のない人は来ないですよね。それよりもとりあえず踊りたい人たちが集まって自由に踊れる会場の方が有意義ではないですか？　その中で私たちは社交ダンスを披露してはどうでしょうか？
井上：ああ、それ良いアイディアかも。
太田：良い！良い！
上原：私も川井さんの意見に賛成です。まずダンス会場に人を呼び込んでおいて、その中で社交ダンスにも触れてもらう…こちらの方が初めての人にとっては取っ付きが良いです。部員が社交ダンスのステップなどをさりげなく教えるのもいいかもしれません。
内田：私も川井さんたちの意見に賛成です。自由に何でも踊って良いことにし、でも私たちはその中で社交ダンスを踊りましょう。間近でダンスを見て踊りたくなる人がきっといるはずです。
木村：そうですよね。間近で社交ダンスを見るときっと踊りたくなり

ますよね。
議長：社交ダンス講習会とダンス会場について、様々な意見が出たところで時間が無くなりました。ここで多数決を採ります。まず、社交ダンス講習会に賛成の人は手を挙げてください。【挙手確認】15人です。では、ダンス会場の開催に賛成の人…【挙手確認】20人です。では多数決の結果、学園祭の催し物はダンス会場に決定します。次回のミーティングではその内容について具体的に話しますので、各自考えてきてください。以上で終わります。

　経過の議事録は、次のような形式で記述します。途中まで記述しましたので続きを書いてみましょう。

1. 学園祭への参加
　社交ダンス部では、学園祭への参加をめぐる採決がなされ、会議参加者35人中33人の賛成、2名の不賛成をもって参加が議決された。

2. 催し物の内容
　続いて催し物についての検討がなされた。鈴木が社交ダンス講習会を提案した。その理由は…

3. 社交ダンス講習会

4. ダンス会場

> 5. 最終決議

　議事録は既に述べたように速記ではありませんので、似たような主張の繰り返し、単なる同意や反対の表明などはいちいち取り上げる必要はありません。先の例では、木村は内田の意見を繰り返しているだけですので、議事録に記述する必要はありません。また、太田、倉本は単に相槌を打っているだけですので、この記述も不要です。
　一方、結果の議事録は、例えば次のように整理して書きます：

> 1. 学園祭への参加
>   多数決の結果、参加33名、不参加2名で参加を議決
> 2. 催し物：　ダンス会場の開催に決定
>   ①社交ダンス講習会支持者　　　15名
>   ②ダンス会場支持者　　　　　　20名

結果の議事録は、議論全体の要旨です。このように箇条書きにしてまとめても構いませんし、短い文の形式にしてまとめても構いません。

【注】
1) Dr. Valentin Reitmayer (1992) *Deutscher Aufsatz Jahrgangsstufe 9*, Manz Verlag München, 12-17 ページ。

III

クリティカル・リーディング

1. 絵の分析

本項目で扱うのは、絵を分析的に読み、解釈する方法です。最近日本でも、Visual Literacy などの名称で、海外の研究者の研究内容が紹介されるようになりました。本書に示されているのは、「絵の分析」として筆者がこの 20 年ほど、日本の幼児から高校生を対象に行ってきた方法です。「絵の分析」を最初に導入した目的は、欧米で一般的に実施されているテクストの分析と解釈・批判(Text analysis/Critical reading)を効率よく生徒達に指導するためでした。欧米の読解においては、書かれた事実に基づいて自己の解釈を論証しなければなりません。ところが最初から文章を用いて読解作業を実施しようとすると時間がかかり、効率よく子供たちの読解力を向上させることができませんでした。そこで思いついたのが、絵や絵本を用いて分析の手法そのものを先に指導することでした。結果的には、「絵の分析」によって分析力を高めた子供たちは文章の読解にも優れた能力を発揮するようになりました。それと同時に、予想もしていなかった様々な効果も現れました。ここでは、「絵の分析」の実施方法を説明しつつその効果に触れ、さらに米国の大学医学部の実践などを紹介しましょう。

［１］実施方法

　絵の分析は、クリティカル・シンキング(Critical thinking)の考え方に従って実施します。クリティカル・シンキングは、日本語では「批判的思考」と訳されます。この思考方法を主に読解に用いるときには、それはクリティカル・リーディング(Critical reading)と呼ばれます。手順自体は基本的に同じです。

➢　対象を細部までよく観察する
➢　対象を部分に分解し、そのような現象として捉えられる理由を探り出す。この時、感覚的な意見は認めず、必ず絵に描かれた情報を証

拠として提示して意見(解釈)を支えること。
- ➢ 分析結果を統合して解釈を引き出す
- ➢ 自分の解釈に加えて独自の考えを示す

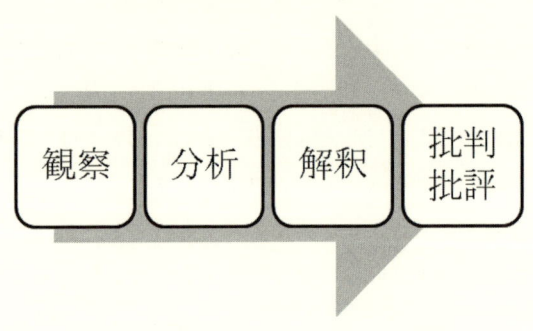

観察 → 分析 → 解釈 → 批判批評

図3.1 クリティカル・リーディングの手順

　このクリティカル・リーディングの手法は、一度身につくと、絵、テキスト、事象、現象、目の前の状況などあらゆる事柄に応用が可能になります。そして、この複雑な手法をごく簡単に獲得できるのが絵の分析です。実際、絵の分析は幼稚園児でも可能です。

➢ 第1段階
　絵を観て、一言(1文程度)で、どのような絵なのかを表現します。「～のような絵」「～を描いた絵」というように表現します。印象や感想(例えば、「かわいい絵」、「おもしろみのない絵」は不要です。ここでは、あくまでもさっと観て捉えた、「何が描いてあるのか」を表現します。
　この段階では細部に立ち入る必要はありません。これからこの絵と付き合う出発点として、まず「どのような絵か」ということを大雑把に捉えます。

➢ 第2段階
　この段階では、絵を分解し、細部を一つ一つ分析していきます。絵の

全体をただ漠然と眺めているだけでは、絵は見えてこないからです。

　絵の分析段階では、空間配列の説明と同じく、「大きい情報から小さい情報」の流れで絵を観ていきます。これは細かな部分、目についた部分から分析していくと、結果的に、より大きな情報との間を行ったり来たりする必要が出てくるからです。

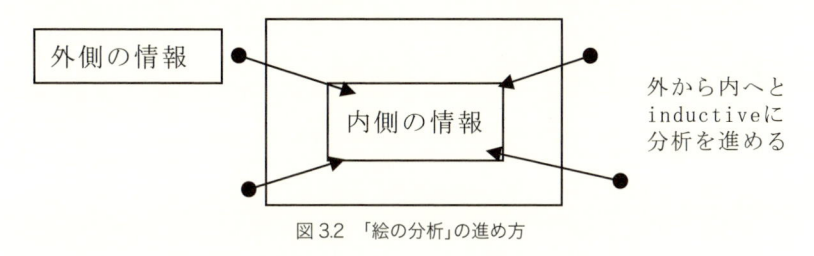

図3.2　「絵の分析」の進め方

外側の情報／内側の情報／外から内へとinductiveに分析を進める

　例えば、目前に「ある風景の中に立つ人物」の絵があったとします。この場合、まず風景(場所・季節・天気・時間)などを分析します。というのも、人物はその風景の中に立ち、さらにその風景の中で何らかの行動をしているので、先に風景の部分の分析をしておかないと、人物の服装や行動、表情などについて分析する際に、同時に風景についても考えなければならなくなるからです。そうなると次ページのような状況が発生します：

表3.1　絵の分析の観点

設定	場所・季節・天気・時間(時代背景)など
人物	性別・年齢・職業・出身・階級・容姿・服装・趣味・興味・嗜好・何をしているか・何を考えているか・何を話しているか・何を聞いているか・何を観ているか・何を読んでいるか・何を感じているか　他
表現	構成・色・明暗・描き方　他
象徴	象徴性のあるものは？・タイトルの意味は？
画家・イラストレーター	描き手の背景情報　他

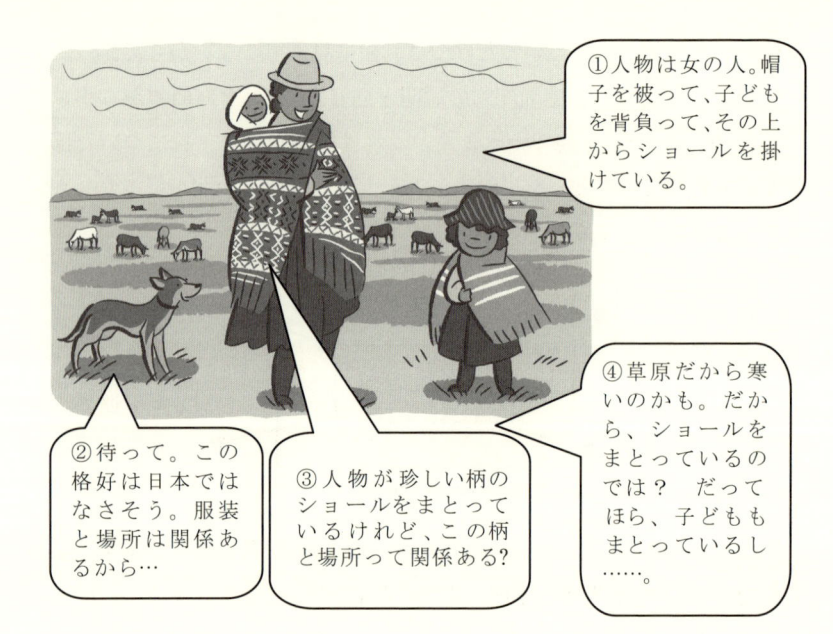

このように、このような風景写真の場合、まず風景が大きな情報として存在し、その中に人物が存在することでその行動に意味が生まれてきます。そのため、大きな情報である風景から分析していかないと、議論が錯綜し、まとまりがつかなくなります。従って、絵の分析でも「大きい情報から小さい情報」の流れで絵を読んでいくのは鉄則なのです。

　この第2段階で、必要に応じて表3.1のような観点の前半（設定→人物）を中心に分析します。これらの観点の中で、何が大きく、何が小さいのかを判断しながら、絵を読んでいきます：

> 第3段階

　この段階では、「タイトル」や画家の背景情報を考察します。タイトル

は、最初の段階では隠したまま始めます。先にタイトルを見ると、タイトルによって生まれた偏見と共に、絵を観察することになるからです。また、画家の背景情報が絵に影響を与えることもありますので、必要があればその情報も反映させます。

> 第4段階

この段階は、分析結果を踏まえて、自分の考えを創出する段階です。「好き・嫌い・おもしろい・きれい」というような、単純な感想ではありません：

・その絵がどのような意味を持つのか
・背景にどのような意味が隠れているのか
・その絵は観た人にどのような影響を与えるか
・その絵が社会的に持つ意味はなにか

このように、分析結果を踏まえて考えられることについて様々に考察します。

［2］実践例

ここでは、次ページの絵を用いて絵の分析の基本を学習します。

> まず絵をさっと観て、何が描かれているかを一言(1文程度)で表現します。

・キャンプをしている人々
・キャンプ場で食事をしている仲間たち

➢ 設定
◇ 場所
・キャンプ場
　テントが張られている
　皿類の置かれているタイル張りのテーブルのような物が手前にある
　地面に草や藪がなく、開けている様子
・林の中
　周囲に木とその影がたくさん見える

◇ 季節
・春か秋
　人物たちが長袖、長ズボン、さらにアノラックやベストを着、帽子を被ったりしている
　気温はさほど高くない季節
　季節を特定する材料が見られないので、断定できず
・冬ではなさそう

冬にしては薄着
・夏ではなさそう
　　夏にしては厚着

✧　天気
・晴れ
　　手前の皿の上に陽があたっている
　　木の影がはっきりと見える

✧　時間
・午前中、あるいは昼前後－断定できず
　　人物が食事をしている(朝食か昼食、あるいはブランチ)
　　陽が差している―日差しが強いので、夕方ではない
　　夜ではない―周囲が明るい

➤　人物
・男が2人、女が2人
　　男であることは、髪型、顔つきから判明
　　女であることは、髪型(1人は肩まで・もう1人は長く伸ばし後ろで縛っている)と顔つきから判明
・大人
　　写真中央の男性が大人であることは明らか―顔の大きさに対し肩幅が広い
　　この男性と比較し、周囲の3名がほぼ同じような体つき、身長をしているため、4人は全員大人
・もしかしたらもう1人、あるいはそれ以上の人数がいるかもしれない
　　絵の左側、テーブルの上あたりに、食べ物の載った皿があり、この皿は宙に浮いている―誰かが皿を持っている証拠

➢ 何が起こっているか
・彼らはキャンプをしている―この場所に泊まっている
  彼らの背後にテントがある（人物の背後に写っているドーム型の形をしたナイロンのものは中に人が入れる大きさなので、これがテントであるなら、彼らが宿泊していることを意味する。人数とテントの大きさから考え、テントは複数あるのかもしれない）
・彼らはこの場所で食事を作っているのかもしれない
  ただし、調理をするための道具が写っていないため断定できない
・彼らは食事をしている
  4人のうち3人が皿を片手に持ち、もう一方の手にフォークを持っている
・人物たちは友人同士で、おしゃべりをしている
  左端の女性が中央の男性に話しかけ、男性は彼女の話を聞いている様子
  男性の右隣の女性は、笑顔で話を聞いている様子
  右端の男性は、やや前屈みになり、話を聞いている様子

[3] 立証の構造を意識する

　絵の分析では、基本的に、自分の考え（結論）を絵に描かれた証拠（データ）で支えて提示します。この時、自分が証拠になると思い込んでいたものが、相手には通じないことがしばしばあります。そのようなときには、そのデータがなぜ証拠になり得るのか、相手が納得できるように説明する必要が出てきます。

　例えば、次の例がそれにあたります：

「彼らはキャンプをしている―この場所に泊まっている
　彼らの背後にテントがある」

あなたがもし、キャンプ場にテントがあるから、当然そこにいる人々は泊まっている、と考え、上のように「テント」を証拠にして「泊まっている」と結論づけたとします。ところが次のような問いが返ってきたとしたら、どのように対応したらよいでしょうか？

「テントがあるからって、どうして彼らが泊まっていると言えるの？そもそもテントって何？」

このように自分が常識だと思い込んでいた事柄が証拠として通用しないときには、証拠の理由付けをする必要が出てきます。こうした立証の構造を唱えたのが、イギリスの分析哲学者スティーブン・トゥールミン(Stephen Toulmin)です。彼のこの考え方は、しばしばトゥールミン・モデルと呼ばれ、図式化すると次のようになります：

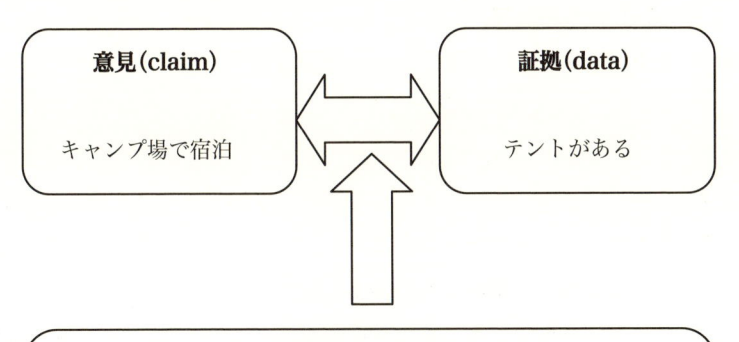

意見(claim)
キャンプ場で宿泊

証拠(data)
テントがある

論拠(Warrant)
テントとは、「支柱および布製の被いを組み立てて作った簡易な家屋。野営の時に用いる小型のもの、サーカスや芝居を掛ける小屋として用いる大型のものなど色々ある」
(デジタル大辞泉)

図3.3　トゥールミン・モデルの図式化

1　絵の分析　113

このようにして「キャンプ場で宿泊」と「テント」の関係を繋げると、次のようになります：

テントとは、「支柱および布製の被いを組み立てて作った簡易な家屋。野営の時に用いる小型のもの、サーカスや芝居を掛ける小屋として用いる大型のものなど色々ある」(デジタル大辞泉)——人物の背後に写っているドーム型の形をしたナイロンのものは中に人が入れる大きさなので、これがテントであるなら、彼らが宿泊していることを意味する

　立証の構造を明らかにするトゥールミン・モデルは、複雑な内容を用いて考えようとすると難しくなります。しかしながら、この絵の分析では作業に取り組みやすく、小学生でも議論の際の立証の際に、大きな困難もなくこの考え方を理解できるようになります。

［4］「絵の分析」の効果
❶──テクストの分析の基礎
　絵の分析は、既に述べたようにテクストの分析(クリティカル・リーディング/Critical reading)の基礎となります。これは、欧米を始めとする世界の多くの国々で実施されている読解の手法で、テクストを分析的に考察しながら、その中に埋め込まれた修辞的技法等を読み解いていく方法です。この時、日本の「国語」のように唯一の正解は存在せず、文中に書かれた事実を根拠として組み合わせながら推論をし、自分の解釈(結論)を組み立てていきます。欧米系の大学・大学院へ留学を考えている方は、このテクストの分析ができないと留学先で大層苦労するでしょう。というのは、ある文献を巡って議論したり、小論文を書いたりする場合、このテクストの分析が要になるからです。欧米諸国の学生たちはそのために中学時代からテクストの分析を行っては小論文を書かされるとい

う経験を積んでいます。

❷──幼少期からの実施が可能

絵の分析の効果を考えるときに特筆すべきは、文章を読めることが前提となるテクスト分析と異なり、幼児からの実施が可能だということです。幼児から絵の分析を積み上げた子供たちは、文章が読めるようになる前に無意識ながら分析的に考え、事実を根拠として推論し、その陰に隠れた論拠を発見するなどの思考方法が身につきます。

❸──議論の基本が身につく

絵の分析は基本的に、議論を通して行います。議論は絵に描かれた事実に基づいて行いますので、それを繰り返すうちに、自然に根拠を軸にしながら意見を述べられるようになります。また、複数の意見をぶつけ合いながらの議論を通して、一人では気づけなかった絵の中身を取り出せるようにもなります。これも議論の重要な効果です。ところで先の論拠(Warrant)については、文化的背景が異なる相手と交渉する場合などに特に重要になります。相手と文化的背景が異なる場合、「暗黙の仮定」[1]には期待しない方が無難なのです。

❹──観察力が向上

絵の分析の大きな効果の一つに、観察力が向上することがあげられます。とりわけ幼少期から絵の分析を経験した子供の観察力は非常に優れています。これは絵を分析しようとする際に、細部まで絵を詳細に観察する必要があるためでしょう。

この絵の分析の効果を医学部の学生の観察技術の向上のために実施しているのが、アメリカのイェール大学医学部です。皮膚科のブレーヴァーマン博士(Irwin M. Braverman, MD)が始めた「Observational skills」[2]の

トレーニングは現在医学部１年生の必修科目となっています。

　ブレーヴァーマン博士は若い医学生を指導する過程で、医者にとって不可欠な観察力を有効に育成する方法を模索したそうです。それは裏を返せば、医者にとって重要な観察力の水準が低い学生が多かったからだそうです。そして、その力をつけさせるために細胞を観察させたりするなどして試行錯誤を重ねたものの、なかなか期待する効果が得られませんでした。ある時大学の付属美術館の学芸員リンダ・フリードレンダー(Linda Friedlaender)氏に名画を用いた実践を勧められ、実施してみたところ大きな効果が得られるようになりました。学生にとって、絵画は細胞と異なり、意味を発見しながらの観察がたやすかったからです。現在博士の開発した「Observational skills」は、アメリカの複数の大学の医学部に採用されています。

❺──判断が速くなる

　絵の分析を積み重ねると、観察力の向上に伴い判断が速くなります。絵の分析を経験したことがない人に絵や写真を見せて、例えば季節について訊ねても、何をどのように見て良いのか判断できず、漫然と絵を眺めます。ところが経験者に同じ質問をするとたちどころに意見と根拠が返ってきます。これは恐らく経験から、どこをどのように観察すれば季節についての情報が得られるかを判断できるようになるからでしょう。

　状況判断への応用を期待して、絵の分析のトレーニングを導入しているのが、日本サッカー協会です。サッカーのように目前で刻々と状況が変化するスポーツにおける判断力を、絵の分析を通じて向上させることができるのです。

❻──教養ある会話ができる

　もう一つの大きな効果が、美術館などで名画を前にしたときに、教養ある会話が可能になることです。絵について、「きれい」「おもしろい」と感想を述べるだけでは教養人として相手にされません。「絵の分析」を経験すると、絵についての専門知識がなくても、自分なりの考えを語れるようになり、絵を巡って楽しく知的な会話が可能になります。また、東西の美術史などを専攻する学生には学問の直接的な基礎力となります。

◆　課題

　ここで実際に、グループで1枚の絵を巡り、その分析を目的とした議論を経験しましょう。

図3.4　Henry Wallis (1856), Yale Center for British Art

1　絵の分析　117

ここに提示した絵は、ブレーヴァーマン博士から筆者が直接いただいたものです。この絵について、次の点を考えてみてください：

- ❖　一目見たとき、どのような絵だと思うか？
  　（感想や印象ではなく、何が描いてあるのかを考える）
- ❖　場所はどこか？
- ❖　季節はいつか？
- ❖　どのような時間か？
- ❖　どのような人物か（性別・年齢・暮らし向きその他）？
- ❖　人物はどのような状況か？
- ❖　絵の中に象徴的に描かれた物はあるか？
  　それは何を表しているか？

　なお、絵のタイトルや、絵の人物、分析の結果などについては、イェール大学の医学部のページに収められたブレーヴァーマン博士のホームページをご覧ください。あるいは、拙著『絵本で育てる情報分析力』（一声社、2002、55-56 ページ）も参考になります。ここで種明かしをしてしまうと、皆さんの考える機会を奪うことになるからです。

【注】
1) 福澤一吉 (2002)『議論のレッスン』NHK 出版、65-86 ページ。
2) http://medicine.yale.edu/dermatology/education/braverman/index.aspx

2. テクストの分析と解釈・批判
（クリティカル・リーディング）

＊「独ソ不可侵条約がドイツにもたらしたメリットとデメリットについて、『ナチス記録文書』の必要箇所を引用しつつ論証せよ」(西ドイツ・州立ニコラウス・クザヌス・ギムナジウム、高校2年歴史の試験問題、1974)

＊「アーサー・ミラー著『るつぼ』の登場人物を一人選択し、その機能と役割について論ぜよ。その人物と他者との関わり、行動の動機などについてテクストから具体的に証拠を挙げて論証せよ」(Stanford University, Continuing Studies Program, 2007)

　これらは、いずれもテクストの分析と解釈・批判(クリティカル・リーディング/Critical reading、以下テクスト分析)の具体的な課題です。どちらの課題でも求められているのは、提示された情報を分析し、批判的な考察を加えた上で、自らの考えを、本文を引用しながら論証する作業です。テクスト分析は、言語技術をその母語教育の本質とする世界の多くの国々で、教育の要(かなめ)に位置づけられています。そして、情報の分析を土台に議論と小論文が繰り返されることにより、高等教育に必要な基礎力が育成されるのです。
　OECD(経済協力開発機構)が実施するPISA調査で求められたのは、まさにこうした読解能力です。高等教育の場で、情報として提示されたテクストを材料に議論し、小論文やレポート、論文などを書くため、そしてさらには社会の現場で情報に対して適正な判断を下すためには、テクスト分析の手法は不可欠なのです。
　現在日本の教育界では、世界のグローバル化に対応するために9月新学期制度の検討がなされています。しかし、制度のみを変更してもグローバル化には対応できません。そのためには、小学校から高校の12年間を掛けて、テクスト分析の手法と、その結果を記述にまとめる方法こそ

を指導しなければなりません。

［Ⅰ］テクスト分析とは何か

　テクスト分析の本質は、テクストに書かれた事実を根拠(証拠)にして、それらの根拠から推論して解釈や意見を提示することです。すなわちそこで求められるのは、証拠に立脚した論理的な読みです。このように書くと、テクスト分析が評論や記事など元々論理的な文章のみを対象にするものと考える方がいるかもしれません。しかし、言語技術を実施する国の母語教育の中で徹底して実施されるのは、実は文学作品のテクスト分析なのです。文学作品の読解に求められるのは、感覚的な読みでも情緒に偏った読みでもなく、分析的、論理的な読解です。文学作品は、ある事件を巡る原因と結果から成り立っており、その意味で極めて論理的な構成になっています。このような文学作品を分析的に読解することに、欧米を始めとする多くの国々の母語教育は大きな価値を置いています。ところで、誤解のないように付け加えると、母語教育ではテクスト分析は文学作品が主な対象となります。けれどもそこで指導された方法論は、歴史、社会学、倫理、哲学、音楽、美術などの授業、あるいは理系の授業などに応用されます。大学に進むと、テクスト分析の能力を前提として講義やゼミナールが行われることになり、結果的にその能力なしに高等教育は受けられません。

　テクスト分析は基本的に、絵の分析と同じようにして実施します。絵の分析では、絵の中に証拠を見つけて意見を支えました。しかしテクスト分析では、文章の中に証拠を発見して自らの意見の支えとします。こうした読み方を図示すると次ページ図3.5のようになります。

　このようにテクスト分析においては、読者は自らの読解を、テクストの必要箇所を提示して立証します。あるテクストの分析を行い、その後に小論文の記述を求められた場合には、必要箇所をかっこで括って引用

図3.5　テクスト分析の読解図1

図3.6　テクスト分析の読解図2

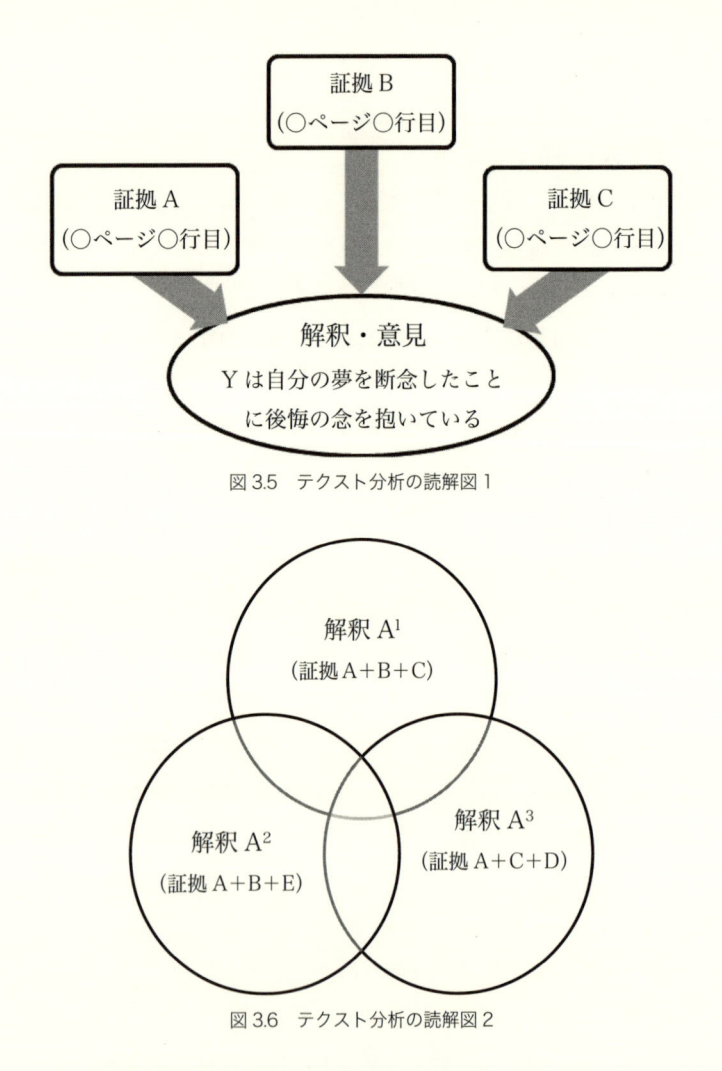

し、誰もが検証できるようにそれが書かれていた箇所を示すことになります(ページ、あるいはごく短いテクストであれば行を示す)。

　ところで、ある部分の読解を巡って議論する場合、参加者全員が同じ証拠を発見し、それに基づいて意見を述べるとは限りません(図3.6)。

読解には、絶対的な正解は基本的には存在しないからです。そのため、論証の過程で、依拠する証拠によって複数の意見が提示されることになります。そして、それが議論を活性化し、テクストの理解を深めるのです。

［2］テクスト分析の対象

読解の対象として、母語の授業で取り上げられるのは次のようなものです：

文学作品	詩
	小説（物語・短編小説・長編小説・超短編小説）
	戯曲
その他	評論文・記事など

言語技術を実施する多くの国が、文学作品として詩・小説・戯曲を徹底的、かつ大量に学生に読ませています。そしてこの際の「読む」とは、教師の「正解」を頼りに読むことではなく、自分自身で解釈の根拠を求めながら行うことを指します。例えば詩は、その型、語彙、内容を分析した挙げ句に暗唱させられることがしばしばです。小説は、物語、短編、長編、超短編と、その型に応じて構造的に分析し、さらにその内容について深く議論しながら解釈をしていきます。戯曲も必ず取り上げられ、扱った後に実際に演技にまで発展させることも少なくありません。

言語技術実施国の読解の授業でもう一つ特筆すべきは、年間5〜6冊、小説を丸ごと扱って授業を行うことです。この点、教科書に掲載された抜粋のみを主に扱う日本の「国語」とは大きな隔たりがあります。また、扱われる本は、自国、あるいは母語で書かれた作品の中で名作と認定されている文学作品が中心です。例えば次の表3.2のような具合です。

近年は、テクスト分析の延長線上で、Film study と呼ばれる映画の分

表3.2 欧米各国の母語の授業で丸ごと扱われる小説類

ドイツ・オーストリア・スイスなどのドイツ語圏	ゲーテ「ファウスト」 カフカ「変身」 その他、アイヒェンドルフ、シラーなどの古典的名作からリヒター、エンデなどのヤングアダルト、評価の確立している新しい物まで ＊高校の英語の授業では、英語で「ハムレット」などを丸ごと1冊用いてテクスト分析を実施
イギリス・アメリカ・カナダ・オーストラリア・ニュージーランドなど英語圏	シェークスピア「ハムレット」 アーサー・ミラー「るつぼ」 その他、古典的名作からカズオ・イシグロなど、評価の確立している新しい物まで
スペイン語圏	セルバンテス「ドン・キホーテ」 ヒメネス「プロテーロとわたし」 その他、古典的名作から評価の確立している新しい物まで

析も実施されています。映画そのものを分析することもあれば、例えば「ハムレット」(シェークスピア)の分析をしつつ、オリヴィエ監督の作品(1948年)、ゼッフィレッリ監督の作品(1990年)、ブラナー監督の作品(1996年)における同一場面を比較し、その解釈の相違を検討することもあります。あるいはそこまで行かなくても、小説「私を離さないで」(カズオ・イシグロ)の分析後、その映画を見て議論する、などの授業も実施されています。

[3]テクスト分析の分析項目

　テクスト分析では、ある程度分析項目が決まっています。そうであるからこそ、スキルとして教育ができるのです。例えば、文学作品(小説、詩、戯曲)には次のような分析項目があります：

構造・形式・スタイル・調子・韻律・言葉・意味・視座(視点)・主題・登場人物・設定・象徴・引喩・諷喩・隠喩など

さらに、原因と結果、比較と対照、事件の過程なども分析の対象となります。また、一作品について全ての項目を分析するのではなく、その作品を深く掘り下げて読解するために必要な項目を重点的に取り上げて分析します。これらの分析項目は文学作品に限らず、評論、記事などにも適用されます。

［4］テクスト分析の実践例1——詩

　説明だけではわかりにくいので、短い作品を用いて具体的に説明しましょう。ここでは、唱歌「たき火」を用いて、その季節と登場人物について、分析を行います。

唱歌　「たき火」[1]

かきねの　かきねの　まがりがど
たき火だ　たき火だ　おちばたき
「あたろうか」「あたろうよ」
きたかぜピープー　ふいている

さざんか　さざんか　さいたみち
たき火だ　たき火だ　おちばたき
「あたろうか」「あたろうよ」
しもやけおててが　もうかゆい

こがらし　こがらし　さむいみち
たき火だ　たき火だ　おちばたき
「あたろうか」「あたろうよ」
そうだんしながら　あるいてる

❶——季節はいつか？

　季節は「冬」です。ではなぜ冬だと主張できるのでしょうか？　「なんとなく冬以外あり得ない」などの感覚的な断定は認められません。書かれた事実を証拠にして「冬」という結論に至った根拠を示します。この詩の場合、「焚き火・落ち葉・落ち葉たき・北風・山茶花・霜焼け・木枯らし」などは冬の季語です。これは辞書で確認ができます。ただし、冬の季語だからという理由だけでは意見を支えるには不十分です。冬に関わる言葉を一つ一つあげ、定義し、そしてこの詩が確かに冬の情景を表現したものであることを証明していくのです。

- 焚き火―「戸外で集めた落ち葉や木片などを燃やすこと（季　冬）」（デジタル大辞泉―以下同様）
  焚き火は季語の上では冬であるものの、必ずしも冬でなければ実施できないわけではない
- 落ち葉たき―「晩秋に落ち葉を集めて燃やすこと（季　冬）」
  落ち葉たきは晩秋から冬にかけてしか実施できない。落葉樹が散って落ち葉となるのは、晩秋から初冬にかけてであり、これが大量に発生し、さらに乾燥しないと落ち葉たきはできないからである
- 北風―「北方から吹いてくる冷たい風」（季　冬）
  北風が吹くのは冬なので、ここから冬を断定できる
- さざんか―山茶花は「ツバキ科の常緑小高木」で季語は冬である。ただし、山茶花自体は一年中そこら中に植わっているため、山茶花だけでは冬を証明しきれない。しかし、詩には、「さざんか　さいたみち」とある。山茶花が咲くのは、晩秋から冬にかけてのため、これをもって「冬」を導き出すことができる
- 「あたろうか」「あたろうよ」―この会話は、焚き火に当たるかどうかの相談である。焚き火に当たって暖を取るのは、周囲の気温が低い

ことが意味するので、ここからも「冬」に関連づけることが可能
✧ しもやけ―「寒さのために皮膚の血管が麻痺し、赤紫色にはれたもの。凍瘡。(季　冬)」
　しもやけは、寒さ、つまり気温が低いことによって発生する疾患なので、この言葉からも「冬」を証明できる
✧ 木枯らし―「秋の末から冬の初めにかけて吹く強く冷たい風(季　冬)」
　木枯らしは、「秋の末から冬の初めにかけて」しか吹かない風であるため、ここからも「冬」と断定可能

　このように、一つ一つ、確実に証拠を押さえて、初めてこの「たき火」という詩が、「冬」を表現したものであることを立証できます。

❷――登場人物は何人いるか？
　人物については、最低3人が登場します。
✧ 落葉焚きをする人物が最低1人
　風が「ピープー」と音がするほど強く吹く日に、焚き火をそのまま放置しているとは常識的に考えにくい
✧ それ以外に最低2人
　「あたろうか」「あたろうよ」と会話が成立している
　人物が「そうだん」している
　相談は「問題の解決のために話し合ったり、他人の意見を聞いたりすること」なので一人ではできない

❸――相談する2人の人物が同年齢だと仮定すると、この2人は何歳か？
　ここでもう少し詩の内容に踏み込み、相談する2人の人物の年齢について考えてみましょう。ここでは、これらの人物が同年齢だと仮定しま

す。

◇　年齢の上限を考える

　年齢の上限を考察する際に鍵となるのは、「おてて」という語です。「おてて」とは、「手をいう幼児語」で、この言葉は一般的に6歳程度(小学校入学前)までしか使用しません。そのため、2人が同年齢の場合、年齢の上限は6歳程度ということになります。

◇　年齢の下限を考える

　年齢の下限の鍵となる部分は、いくつかあり、総合的に判断する必要が生じます：

＊「おてて」という言葉自体は幼児語なので、2歳程度から使用

＊「あたろうか」「あたろうよ」と、2人が判断を巡る相談をしている
　判断を巡る相談は、2～3歳児には、発達段階的に無理。早くても4歳以上。

＊「かきねの　かきねの　まがりがど」に2人がいること
　「垣根」は「敷地を限るために設ける囲いや仕切り」であることから、2人は住宅地の路上を歩いている。住宅地の路上とは言え、2～3歳児が2人だけで歩くのは危険なので、恐らくこの2人は4歳以上にはなっている。

　総合的に判断すると、たき火にあたるかどうかの相談をする2人が同い年の場合、この2人は、5歳前後ということになります。5歳前後なら、「おてて」という言葉はまだ使うけれども、住宅街の路地を2人だけで歩き、たき火を見つけてあたるかどうかの相談をできる年齢になっていると言えるからです。

　このように、テクスト分析では、言葉を一つ一つ定義し、分析的に掘り下げながら読み進めます。入り口では極めて論理的、客観的に作品と向かい合います。ところが、作業が進むうちにどんどん作品の情景や中

身が鮮やかに立ち上がっていくのがこの読み方の醍醐味です。いかがでしょうか？　これまでなんとなく歌ってきた「たき火」が、はっきりしたイメージとしてあなたの眼前に立ち上がりませんでしたか？

［5］テクスト分析の実践例2——物語

　次は、ドイツ人の心理学者の書いたごく短い物語を、「隣人はどのような人物か」という観点から考察してみましょう。元々のテクストはドイツ語です。

　「金槌の話」は、心理学者が書いた『不幸であることの手引き書』に収められたもので、同書は人間の頭の中にファンタジーが形成されることにより、人生が難しくなることを豊富な事例を用いて解説しています。こうした物語を分析的、批判的（クリティカル）に考察し、自分の人生を考えることが、人間らしく生きていくことにどれほど重要かについて、「金槌の話」の分析を通して考えましょう。

金槌の話（『不幸であることの手引き書』より）[2] パウル・ヴァツラヴィック（三森ゆりか訳）	〈行〉
ある男が絵を掛けたいと思う。彼は釘を持っているが、金槌がない。隣人がそれを一つ持っている。そこでこの男は隣へ行って、金槌を拝借しようと決め込む。そこへふと疑念が浮かぶ。もし隣が俺に金槌を貸したがらなかったらどうするのだ。昨日だってあいつは俺にそそくさと挨拶をしただけだ。もしかしたらあいつは急いでいたのかもしれない。でも、もしかしたら急いでいるというのは単なる口実で、本当は、あいつは俺がいやなのかもしれない。それが何だっていうのだ？　俺はあいつに何もしちゃいない。あいつは勝手に何か思い違いをしているの	1 5

だ。誰かが俺に工具を貸してくれとやって来たら、俺はすぐさまそれを貸すだろう。何であいつは俺に貸さないのだ？　どうしたら隣人に対してたったこの程度の行為すら拒絶できるのだ？　奴のような人間は毒を盛って人の命を奪うのだ。それから彼はさらに考える。俺はあいつに頼らざるを得ない。ただ単にあいつが金槌を持っているというだけで。もう本当にたくさんだ。……そこで彼は隣家へ突進し、ベルを鳴らす。隣人が扉を開け、「こんにちは」を言う間もなく、男は隣人に向かってわめき立てる。「金槌をしっかり握りしめてろ！この不作法者！」

10

15

18

❶──隣人について断定できることは何か？

- ◇ 「ある男」の隣に住んでいる。そのため「隣人」(2)と言われている
- ◇ 金槌を「一つ持っている」(2)
- ◇ 男に「挨拶」(5)をする
  隣人は、近所の人に会うと、挨拶をする人物
- ◇ 玄関のベルが鳴ると、「扉を開け」(16-17)る
  玄関の戸を開けた際に隣人が挨拶したかどうかについては、「言う間もなく」(17)とあるので、実際に言ったわけではないため、はっきりしているのは「扉を開け」たことのみ

＊(　)内の数字はテクストの行を示す

隣人について、客観的に断定できるのは、上記4点のみです。

❷──男はどの程度隣人を知っているのか？

- ◇ 「隣人は(金槌を)一つ持っている」(2)ことを知っている
  ただし、男がそれをどのようにして知ったのかは不明
- ◇ 男と隣人に付き合いがあるのかどうかは不明
  男は「隣へ行って、金槌を拝借しようと決め込む」(3)ものの、そこ

から男と友人の付き合いの程度は推測できない
◇　男と隣人は挨拶を交わす関係
　　「昨日」「挨拶をした」(4-5)

　男が隣人について知っていると客観的に言えそうなのは、上記3点のみです。それ以上の隣人の記述については信頼性に欠けるため、断定することができません。

❸——語りの視点

　物語を分析する上で重要なのが語りの視点(Point of view)です。この「金槌の話」には、2種類の視点が採用されています。その仕組みは、次のようになっています。

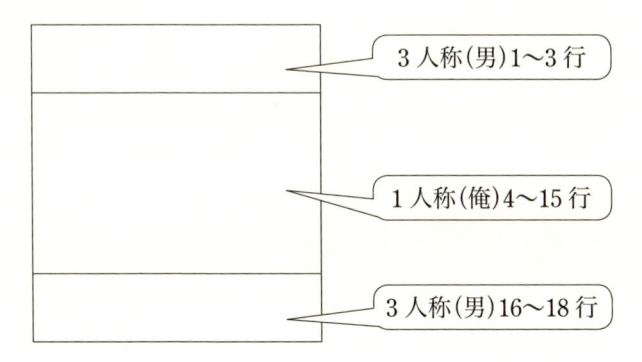

```
┌─────────────┐
│             │──── 3人称(男)1～3行
├─────────────┤
│             │
│             │──── 1人称(俺)4～15行
│             │
├─────────────┤
│             │──── 3人称(男)16～18行
└─────────────┘
```

　この語りの構成が、隣人についての記述の信頼性に汚点をつけます。この物語では、隣人についての記述の大部分が1人称で書かれています。つまり、「隣人はどのような人物か」という課題については、〈視点〉の観点から考察する必要があるのです。
　視座には、1人称視点、3人称視点などがあり、語りの立場は物語の内容に大きな影響を与えます。言うまでもなく、1人称の物語は、登場人物の主観の枠内でしか物語が語られません。1人称で読者に与えられ

る隣人の情報は、全て1人称の語り手の想像と評価とによってバイアスがかかっています。そのため1人称で語られる物語は信頼性に欠け、複数の視座からの検証が必要となるのです。一方、3人称の物語は客観的な立場で登場人物の行動や感情が語られます。この3人称の視点は、全てが公平に見通せる立場ですので、この視座から語られた内容は基本的に信頼できるものとなります。

❹——1人称の意味

　男が妄想に絡め取られていく部分が1人称で書かれていることは、「不幸であることの手引き」という観点からの考察において極めて効果的です。なぜなら読者は、無意識に「俺」に自分を重ねてテクストを読み、自分自身が男の不幸を実感することになるからです。

　この点については、日本語よりも、原書のテクストで考えた方がわかりやすくなります。というのも、日本語には1人称について複数の語彙があり、どの1人称を採用するかを選択した時点で、1人称自体に色がつくからです。ところが元々のドイツ語には、1人称には「Ich」(英語のIと同じ)しか存在せず、老若男女全ての人々が自らを「Ich」と表現します。そのため「Ich」が繰り返される文章を読む内に、読者は無意識に自らの「Ich」を重ねることになります。テクストが全て3人称で書かれていれば、物語はある男の話に過ぎません。読者は外側から男の行動を眺めることになります。しかし、1人称が採用されることにより、読者は物語の内部に引き込まれ、心理的に自分と男とを重ね合わせて物語を読むことになり、その結果、男の不幸を実感することになります。

❺——男の妄想はどのように発展するのか？

　1人称で書かれた部分(4〜15行)は、男の頭の中でどんどん過激な方向へ発展していきます。男の中では、これは一応論理的に筋の通ったも

のです。しかしながら客観的にはそれは完全な妄想に過ぎません。男の中の隣人に対する考えの変化を表に整理してみると、それがさらにはっきりしてきます：

4	もし隣人が自分に金槌を貸したがらなかったら？
5	昨日隣人は自分にそそくさと挨拶しただけ
7〜8	急いでいたというのは単なる口実で、本当は、隣人は自分をいやなのかもしれない
9	自分は隣人に何もしていない 隣人は勝手に何か思い違いしている
11	なぜ隣人は自分に金槌を貸さないのか
12	どうしたら隣人に対してたったこの程度の行為すら拒絶できるのか
13	**隣人のような人間は毒をもって人の命を奪う**
15	もう本当にたくさんだ

このように男の考えの変化を書き出してみると、それまで一応「論理的に」発展してきた男の考えが、13行目で一気に飛躍していることが明白になります。さらに、そのあと突然考えが破綻し、いきなり隣人宅に乗り込み、完全に自分自身の妄想の中に創出した隣人像に向かって、わめき立てるという行為に及びました。

◆　課題1
　男の行為が社会に与える影響について考えてみましょう。隣人に向かって突然わめき立てた結果、周囲の人々は男のことをどのように考えるようになるでしょうか？　男の社会生活にはどのような影響が及ぶでしょうか？

◆ 課題2

男が最終的に隣人の家に行ってわめかずにすむためには、どのあたりから方向転換をすればよいでしょうか?「あいつは勝手に何か思い違いをしているのだ」(9)に続くくだりを修正し、男の気持ちが最終的に収まり、隣人宅に乗り込まずにすむように書き換えましょう。

[6] テクスト分析の実践例3——超短編小説

最後に少し手応えのある超短編小説の分析をしてみましょう。ビクセルはスイスの作家で、「盆栽」のように短い小説の名手と言われている人です。次の小説を読み、グループで話しあってみましょう。

サンサルバドル[3]
ペーター・ビクセル著(三森ゆりか訳)

彼は、1本の万年筆を買っていた。　　　　　　　　　　　　　　1

　彼のサイン、彼のイニシャル、彼の住所、数本の波線、それから彼の両親の住所を1枚の紙の上に何度か走り書きしてみたあと、彼はもう1枚新しい紙を取り、慎重に折って、そして書いた。「僕にはここは寒すぎる」、それから、「ぼくは南アメリカへ行く」、　5
それから彼は中断し、キャップを万年筆に被せて回し、紙を眺めて、インクが乾き、そして黒っぽい色になって行く様を見〔文房具店では、それは黒くなると保証されていた〕、それからまた彼は改めて万年筆を手に取り、さらに彼の名前であるパウルとその下に書いた。　　　　　　　　　　　　　　　　　　　　　　　　　10

　それから彼はそこに座りつづけた。
　しばらくして彼は新聞をテーブルの上から片付け、その際に映

画のプログラムにさっと目を走らせ、ぼんやりと何かを考え、灰皿を脇へ押しやり、波線を書いた紙を破り捨て、万年筆のインクを空にし、そして再びいっぱいにした。映画の上映時間にはもう遅すぎた。

　教会のコーラスのリハーサルは9時までかかり、9時半にはヒルデガルドは帰宅するはずだった。彼はヒルデガルドを待っていた。ラジオからはずっと音楽が流れていた。今彼はラジオを消した。

　テーブルの上に、ちょうどテーブルの上の中央に、今や折られた紙が置かれており、その上には暗い藍色の文字で彼の名前がパウルと書いてあった。

　「僕にはここは寒すぎる」ともその上には書いてあった。

　そろそろヒルデガルドが帰宅するはずだった。9時半には。

　今は9時だった。彼女はきっと彼の通知を読み、驚き、南アメリカについては恐らく信じないものの、それでも洋服ダンスの中のシャツの数を数え、何かが起こったらしいと考えるだろう。彼女は「ライオン」に電話をするだろう。

　「ライオン」は、水曜日は定休日だ。

　彼女はうっすらと笑みを浮かべ、そして絶望し、そしてそれを受け入れるだろう、多分。

　彼女は何度も髪の毛を顔からかき上げる、左手の薬指でこめかみから脇へ滑らせるように、それからゆっくりとコートのボタンをはずすだろう。

　それから彼はそこに座ったまま、誰に手紙を書けるだろうかとじっと考え、万年筆の使用説明書をもう一度読み——ちょっと右側に回し——フランス語の説明も読み、英語とドイツ語の説明を比較し、再び彼の紙片を見、椰子の木を思い、ヒルデガルドを思っ

た。
　　座っていた。
　　そして9時半にヒルデガルドは戻り、そして訊ねた。「子供たちは眠っている？」
　　彼女は髪の毛を顔からかき上げた。　　　　　　　　　　　　　　45

◆　課題3

「サンサルバドル」について、下記の点を考察しましょう。

1. パウルはどのような人物か？
   家族・年齢・職業・教養の水準
2. ヒルデガルドの夜の外出は初めてか？
3. パウルはどのような状況にいるか？
4. 第2段落(2〜10行)を、声を出して読んでみよう。読む際には、読点で間をあけよう。この部分の記述の特徴から、主人公のどのような心情が読み取れるか？
5. 改行の多さに着目し、その後の空白の意味を考えよう。
   ヒント：改行後の空白を適当な文字などで埋め、それを心の中で読んでみよう。あなたが心の中でそれを読む間、時間は止まってくれるだろうか？
6. 繰り返される表現に着目しよう：
   　　彼はそこに座りつづけた(12)
   　　彼はそこに座ったまま(37)
   　　座っていた(42)
   「サンサルバドル」の原文はドイツ語で書かれている。この言語では、文には必ず主語が必要である。ところが42行目には原文にも主語がない。この意味を、その後に読く改行による空白と併せて考えてみよう。
7. パウルとヒルデガルドの夫婦関係はどのような状態か？

【注】
1) 巽聖歌作詞　渡辺茂作曲，1941。JASRAC 出 1303173-907
2) Paul Watzlawick（1983）*Anleitung zum Unglücklichsein,* R.Piper & Co.Verlag, München, 35-36
3) Peter Bichsel（1996）*Eigentlich möchte Frau Blum den Milchmann kennenlernen*, Suhrkamp, suhrkamp taschenbuch 2567, 50-52

IV

作文技術

1. 基本技術

　15歳の誕生日に、アクセサリーをもらった。赤いルビーのまわりが小さなダイヤモンドで囲まれていて、とてもすてきだった。一緒にもらった美しい木箱に入れて、大事に保管し、特別な場合にしか使わなかった。残念なことに、東京に出てきたあと、2度目の引越しの際に、なくしてしまった。今でもあのアクセサリーは心の支えだ。それはあのアクセサリーが……

> もったいぶって書いている割には、どんなアクセサリーなのか、どんなときに使ったのか不明。

> これって、誰の話なのかな？　多分ずっと主語が省略されているから「私」の個人的な話なんだろうけど。

> そもそもこれって、アクセサリーについてのどんな話を書きたいのかな？　いったいどこまで読めば、それがわかるんだろう。

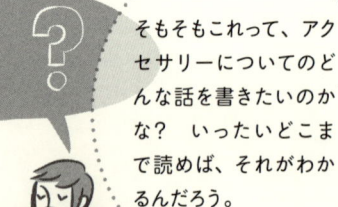

作文を書くためには、様々な基本技術の知識が必要です。第Ⅳ部では、記述のための基本技術から記述形式などについて学習します。

ここでは作文技術に必要なごく基本的な技術について説明します。主語の挿入、主語の位置、かぎかっこの正確な使い方などです。こうした基礎技術は本来小学生の時点で学習すべきことです。しかし、残念ながらそれが疎(おろそ)かになったまま大学生や社会人になる日本人は少なくありません。小学校から高校までの間にほとんど作文を記述する機会がないことがその原因です。些細なことながら、このような基礎技術が抜けていると、結局あとで苦労することになるため、ここで一度、主語と述語がきちっと対応する文章の書き方や、かぎかっこの遣い方を覚えましょう。また、句読点の正しい打ち方などについては、この機会に一度文法書などを確認しましょう。

[1] 主語

❶──主語を省略しない

基本技術として、大学生や社会人にも意外と身についていないのが、主語を明確にして記述するスキルです。日本語では、とりわけ対話の際に主語の省略が許されるため、この習慣が記述の領域にまで持ち込まれた結果、文章を最後まで読んでも誰のこと、何のことを言っているのかがよく分からない文章が多数存在します。

この主語抜けは、様々な問題を引き起こします。一つは例えば、他人の書いた文章を英語に訳そうとするときです。第三者の立場で他人の文章を読んだとき、どうしても脱落している主語がどれにあたるのかが不明な箇所が出てきます。このような際、筆者は「私」を抜いたつもりが、訳者が「you」を補充したとしたら、どのような結果になるでしょうか？とんでもない事態を引き起こすことにもなりかねません。

この主語抜けの文章を最大限活用しているのが、国語の試験問題です。試験問題にはしばしば、「ある文の主語が何かを指摘せよ」、という問題が登場します。本来主語のあるべき場所に主語がなく、その結果、内容がわかりにくくなっている文章が試験問題に出され、そして主語の抜けを指摘してそこに正しい主語を入れることを要求する問いです。これは典型的な日本の国語問題です。他の国にはこのような問題が試験に出ることはありません。なぜなら、一つの文において、その内容に責任を取るべき主語が不在の文が書かれることはないからです（スペイン語など主語の省略が可能な言語では代わりに動詞が活用し、主語を特定します）。

　これから論文を記述したり、社会人になったりする大学生に必要なのは、必要な主語がきちっと落とし込まれた文章を書くことです。そのためにはまず、主語の抜け落ちた文章を検討し、どこにどのように主語を入れるべきかを考えられるスキルを身につけましょう。

> 　主語に対して敏感に反応する能力は、「問答ゲーム」でも鍛えられます。「問答ゲーム」で主語の抜けに気づけるようになると、文章における主語抜けにも反応ができるようになります。

❷──主語の位置

　わかりやすい文を書くためには、主語がどの動詞に係るのかを意識し、正しい位置に配置する必要があります。主語を入れるべき位置が明確に決まっている英語とは異なり、かなり自由に主語を滑り込ませることができるのが日本語です。そしてこの言葉としての特徴が、日本語での作文をやっかいにします。適当に主語を置くと、複数の意味にとれる曖昧な文や、入れ子状のややこしい文が生まれるからです。

> さらにその結果、周囲の人間はジャックが次々に繰り出す命令に従うので、ラルフのリーダーとしての立場は益々弱くなる。

| 周囲の人間 | ジャックが次々に繰り出す命令に | 従う |

[修正] さらにその結果、ジャックが次々に繰り出す命令に周囲の人間が従うので、ラルフのリーダーとしての立場は益々弱くなる。

［2］かぎかっこ

　物語を記述する際のかぎかっこの使い方のルールを覚えましょう。英文の記述においては、会話文の挿入には厳密な決まりがあります。日本語でも同様です。ところが、市販されている小説、雑誌等ではこのルールが無視されているものが数多く存在します。物語の技術に挑戦するのをきっかけに、日本語におけるかぎかっこの使い方を再確認しましょう。

> 物語でかぎかっこを使う場合には、改行する。

「おじいさん、川で大きな桃を見つけましたよ。」
と、おばあさんが言いました。するとおじいさんは、
「これはみごとな桃だ。」
と言いました。

> かぎかっこの内容が2行以上にわたるとき、2行目より後の行の書き方は2つあります。どちらを使ってもかまいません。

◇　A　かぎかっこの内容の2行目以降は、1マス開けて書く：
狼は赤ずきんに、
「君はどうして周りを見ないんだい。森中の花が咲いていて、とてもきれいなのに。」

と言いました。

✧　B　かぎかっこの内容の2行目以降も1マス下げずに書く：
狼は赤ずきんに、
「君はどうして周りを見ないんだい。森中の花が咲いていて、とてもきれいなのに。」
と言いました。

➤　かぎかっこを受けるとき、読点の打ち方には3つの決まりがある：
✧　基本形

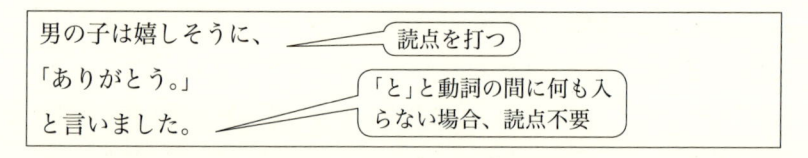

男の子は嬉しそうに、 「ありがとう。」 と言いました。	― 読点を打つ 「と」と動詞の間に何も入らない場合、読点不要

✧　主語が入る形

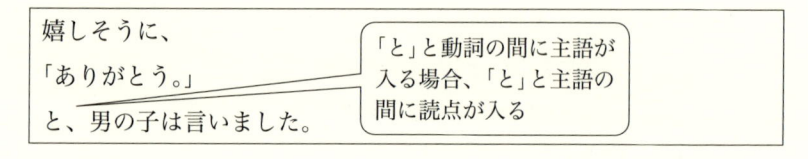

嬉しそうに、 「ありがとう。」 と、男の子は言いました。	「と」と動詞の間に主語が入る場合、「と」と主語の間に読点が入る

✧　形容詞や副詞などが入る場合

＊男の子は、
　「ありがとう。」
　と、嬉しそうに言いました。

＊「ありがとう。」
　と、笑いながら男の子は言いました。

＊男の子は、
　「ありがとう。」
　と、即座にお礼を言いました。

> 「と」と動詞の間に形容詞や副詞などが入る場合、「と」とそれらの間には読点が入る

◆　添削課題1

次の文章を読み、抜けている主語を判断し、補ったり、かぎかっこの書き方を修正したりしましょう。

　狐と狸が、饅頭を3つ見つけました。狐が1つ食べると、狸も食べました。1つ残りました。すると、さっと掴んで、パクッと食べてしまいました。怒って、「ずるいよ！」と言いましたが、「あばよ！」と言って、長い尻尾を振りながら、さっと逃げて行ってしまいました。残された狸は、恨めしそうにその後ろ姿を見送り、やがてすごすご帰りました。『今頃、巣穴に戻って舌鼓を打ちながら、饅頭を食べているんだろうなあ。』と思いました。

◆　添削課題2

この課題では、主語だけでなく、目的語なども抜けています。意味が通りやすいように補いましょう。また、かぎかっこの使い方も修正しましょう。

　昔々、真実と偽りがばったり道で出会いました。見るからに顔色が悪く、暮らしに困っている様子でした。それでも持ち前の誠実さから挨拶をしました。すると、「やあ、調子はどうだい。どうやらあまり芳しくなさそうだね。」と尋ねました。真実は挨拶を受けて、「そうだね。残念ながら調子がいいとは言えないよ。こう世知辛いご時世じゃ、

1　基本技術　145

私のような者には生きるのが難しいね。」と言いました。偽りは、身なりを上から下まで眺め回してみました。こざっぱりと身なりを整えてはいましたが、服は着古され、靴には穴が空きそうでした。身体はやせこけ、顔は土気色で、しばらく十分な食事を摂っていないのは明らかでした。「なるほど。見たところろくなものを食べていないようだ。何だってそんな状況になってしまったんだい。」と、訊きました。すると、「これだけ状況が厳しくなってくるとね、生き延びるのに必死で、清く正しく生きよう、などと説いたところで誰も私の話など聞きはしない。食べ物が誠実に勝ってしまう、と言うわけさ。一体どうして生きていったらよいのやら、途方に暮れているところだ。」と、ため息をつきました。これを聞いた偽りは言いました。

◆　添削課題3

　次は、実用文の課題です。ここでも主語が複数抜けています。全ての主語を埋めることができるでしょうか？

　　食べ盛りの兄弟の間で食べ物を巡る争いが起こるのは珍しいことではない。須藤家の中学生の兄弟についても事情は同じである。ある日巻き寿司を買って帰宅すると、2人は大喜びで飛びついた。兄がまず1つを口に放り込むと、弟も負けまいと手を出した。2つ目を口に放り込んだのは、弟の方が早かった。むろん兄も負けてはいない。ところが最後に1つ残った。するとわざとお茶をこぼし、それに気をとられている間に、素早く残りの1個を口に放り込んだ。兄は怒って文句を言った。しかし後の祭りである。最後の1個は既に弟の食道を通過中だった。

2. パラグラフ

次に大事なのが、話題の中身。最初の文で示したことについて、理由や説明を書いて支えるんだ。この時、大きいことから小さいことに向かって書くって習ったな。どうやって書けばいいのかな…。AよりCを先に書いた方がいいのかな？

最後にまとめの文を忘れないこと！これ以上言いたいことはないぞ、って示さなきゃね…。良いぞ、完璧なパラグラフだ！

まず話題を提示する文を書く…。そうじゃないと、何についての文章かわからないからって習ったな。でも、これが難しいんだよね。どう書けば、僕の言いたいことが相手に伝わるのかな…

あることがらについて説明するための文章を記述する際には、基本的にパラグラフ（Paragraph）の形式を用います。説明文、報告文、論証文、レポート、小論文、論文などがこれにあたります。説明的文章を巧みに書く能力を身につけるには、まずはパラグラフの構造を理解し、そのスキルを身につける必要があります。ここでは、パラグラフの構造とその組み立て方を理解し、長文に対応するための基礎力を獲得しましょう。

［Ⅰ］パラグラフの重要性を知る

大学や企業で長い実用文を記述するためには、パラグラフの知識とスキルは不可欠です。というのもそれは、そのような文章の重要な構成要素だからです。パラグラフとは、単純に言えば、「問答ゲーム」で学習した形式（主張—根拠—結文）で文章を記述する方法です。この知識とスキルを持たずに長文のレポートや小論文を記述することは、形式を知らずに生け花をすること、あるいはルールを知らずに試合に出ることと同義です。その理由は、図 4.1 を見れば明らかです。図が示すように、小論

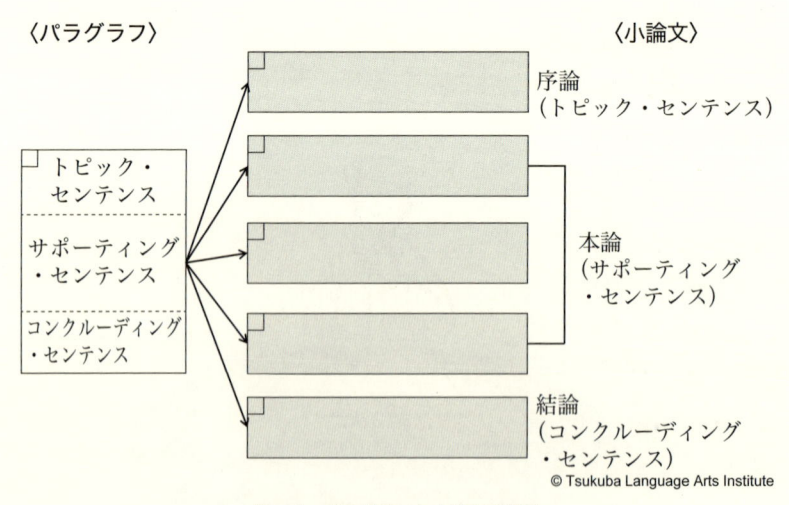

図 4.1　パラグラフと小論文の関係

文の構成要素である序論、本論、結論は、パラグラフの3つの構成要素がそれぞれ独立したものです。つまりパラグラフという概念なしに小論文やレポートの類は成立しないのです。さらに当然のことながら、小論文の各構成要素はそれぞれがパラグラフの形式で記述されます。結論として、パラグラフで文章を綴るスキルを持たずに長文の小論文の記述をすることは不可能というわけです。

［2］パラグラフとは何か

　パラグラフとは、いくつかの文からなる文章の固まりで、ある一つのまとまりのある意味を表現します。これは厳密な型によって構成され、意見、説明、報告など、実用文の記述には基本的にこの型が適用されます。従って、パラグラフを使いこなせるようになると、大学や社会で書かなければならない様々な文章に対応できるようになります。基本的には、「物語」以外のあらゆる文章をこの形式で記述できるからです。

　パラグラフは、日本では一般的に「段落」と同一視されています。しかしながら、その構成に厳格なルールがあるという点で、前者は後者とは異なります。「段落」と共通する点は、基本的に最初の1文を字下がりで開始するという点と、一続きの文章が終了するまで改行がないという点です。

　日本の高校までの教育の中では一般的に、パラグラフは英語の授業において取り上げられます。実際に高校の英語教科書である *Unicorn English Writing*（文英堂）にもパラグラフの基本構造とその応用が提示されており、さらにその発展型であるエッセイの構成法が簡単ながら示されています。また、英語の長文のリーディングで、パラグラフ・リーディングという読み方を学習する場合もあります。これはパラグラフの構造的特性を利用した読み方で、その最初の文であるトピック・センテンス（topic sentence）だけを拾い読みし、文章全体の大意を把握するという

ものです。皆さんの中にも、英語の長文読解の手法として、パラグラフ・リーディングを学習した経験のある人がいることでしょう。

［3］パラグラフの基本構造

パラグラフは、3つの部分から構成されます。

①トピック・センテンス（topic sentence）
②サポーティング・センテンス（supporting sentences）
  ＊英語では、この部分の「センテンス」は本来複数形。ただ、日本語では表しにくいため、「センテンス」としてある。
③コンクルーディング・センテンス（concluding sentence）

これらには明確な役割があり、それらがそれぞれの役割を果たすことにより、有効なパラグラフが生まれます。

トピック・センテンス　Topic sentence（TS） 主張・意見・結論・述べようとする事柄の予告など、書き手がもっとも伝達したい事柄（Main idea）の記述
サポーティング・センテンス Supporting sentences（SS） TSを支える定義、事例、根拠、説明などを示す複数の文
コンクルーディング・センテンス Concluding sentence（CS）（結文）

（1マスあけ）

パラグラフは、「説明」（第Ⅱ部スキル・トレーニング4）の方法論であ

る「空間配列」と同様、基本的に「大きな情報から小さな情報」の順序で組み立てます。まず、パラグラフの最初に置かれるのはトピック・センテンス(TS)です。これは、そのパラグラフの全体像を示す文であり、このTSを読めば続く内容がおおよそ予想できるような内容にします。このTSに続くのがサポーティング・センテンス(SS)です。これらの複数の文は、TSの提示内容をサポート、つまり支持します。そのためそこには、TSで示したことがらの定義、事例、根拠、説明などが提示されることになります。パラグラフの最後に置かれる文は、コンクルーディング・センテンス(CS)と呼ばれます。これは全体をまとめる文です。パラグラフは必ずこれら3つの要素から構成されることが求められます。

(パラグラフの例)

紫のつながり

　私の宝物は、母から譲り受けた美しい指輪である。それは、プラチナの台に形よく埋め込まれた紫水晶の指輪だ。それは元々祖母のものだった。彼女はそれを20歳の誕生日に父親から贈られた。彼は祖母のために、彼女が一番好きだった紫の石を選んだのだ。その指輪は、母に譲られ、さらには私の元にやってきた。いつか私にも娘ができ、この指輪を贈る日が来るだろうか。**それまでこの指輪は、私を祖母と母につなげる大切な宝物である。**

トピック・センテンス
なるほど。このパラグラフの内容は、母からもらった宝物の指輪についてなのか。でも、なぜそれが宝物なのだろうか？知りたい！

サポーティング・センテンス
なるほど。宝物と呼ぶには、そのような背景があるのだな。

コンクルーディング・センテンス
なるほど。指輪を通して世代間のつながりができるから宝物なのか。ここでタイトルともつながるわけだな。

◆ 課題1

次の文章を、パラグラフの観点から検討しましょう。

> ①橘家の三女の華は、すぐに甘えて人に頼ろうとする。②一方、長女の薫は気丈で、面倒見がよい。③同じ親から生まれても兄弟姉妹の性格は異なるものである。④ちなみに次女の渚は、常に自分のことが優先で、周囲の状況にあまり関心を示さない。⑤このように橘家の三姉妹の性格は三人三様である。

(1) ①の文「橘家の三女の華は、すぐに甘えて人に頼ろうとする。」を読んだとき、あなたはこの文の続きにはどのようなことが書かれていると予測しましたか？

(2) ②以降の各文は、①の文から予測した内容に一致しますか？

(3) 文章のトピック・センテンスに下線を引き、番号を入れ替えて、パラグラフの形式に書き換えましょう。書き換える際には、次の点にも配慮しましょう：
★接続詞は必要に応じて書き換える。
★姉妹については、並べる順序を配慮する。

[4] トピック・センテンスの作り方

パラグラフの中で、もっとも難しいのがトピック・センテンスです。なぜなら、1文でその先に続く内容を推測できるような文を作らなけれ

ばならないからです。ここでは、有効なトピック・センテンスを作る練習をしてみましょう。

トピック・センテンスは、2つの構成要素から成り立ちます。

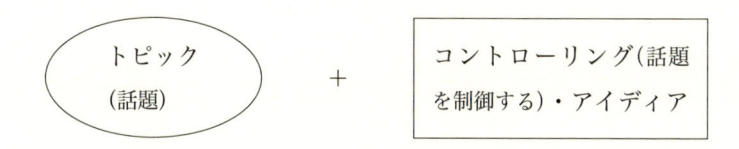

トピック（話題） ＋ コントローリング（話題を制御する）・アイディア

「トピック」と「コントローリング・アイディア」には、それぞれ明確な役割があります。「トピック」とは、話題です。そのパラグラフがどのような話題を扱うのかを示すのがトピックです。一方、「コントローリング・アイディア」は、トピックを制御するアイディアで、パラグラフの方向を決定づけます。従って、トピック・センテンスの有効性は、コントローリング・アイディアの善し悪しに左右されます。

適切なトピック・センテンスとは、簡潔かつ的確に続く内容を示唆する文です。単なる事実を示す文や、具体的に詳細を語りすぎる文ではありません。その文を読んだときに、読み手が、その続きのサポーティング・センテンスに興味を持ち、「おおよそこんな内容なのだろうか？」「このトピック・センテンスを支えるのは一体どのような内容なのだろうか？　続きを読みたい」と、考えるような文にする必要があります。このようなものを、フック(hook)のあるトピック・センテンスと呼びます。フックとは、鉤―先の曲がった金属製の器具―を指します。つまり、鉤で引っかけるように読み手の気を引く内容を持つものが有効なトピック・センテンスです。

◆　課題2

次のトピック・センテンスが妥当かどうか検討しましょう。その理由

も考えましょう。

① 私はこれから今年の夏休みについて説明する。
② 大学生活の過ごし方はその後の人生を決定づける。
③ 私はテニス部に入っている。
④ 夏休みの久米島の旅は印象深いものだった。
⑤ 携帯電話は一種の電話である。

★ヒント：各文を読んだ後、「だからどうなの？」と、考えてみましょう。その答えを自分である程度予測できなければ、そのトピック・センテンスは無効です。

◆ 課題3
　次のトピック・センテンスを検討しましょう。4つのコントローリング・アイディアからどのような内容が予測できるでしょうか。

| トピック

私の弟 | ＋ | コントローリング・アイディア
① 優等生である。
② ひょうきんでお調子者である。
③ サッカーに夢中である。
④ 夏休みに素晴らしい経験をした。 |

①
②
③
④

◆　課題4

次の話題(トピック)を用いて、適切なコントローリング・アイディアを含むトピック・センテンスを作りましょう。
① 携帯電話
② 読書
③ 宝物

[5] サポーティング・センテンスの作り方

サポーティング・センテンスは、トピックとコントローリング・アイディアを支え(サポートし)、それに情報を付加します。その内容には、定義、事例、根拠、説明などが含まれます。例えば次のような具合です。

トピック・センテンス：若者は携帯電話に依存している。
サポーティング・センテンス：
　①定義：携帯電話に依存するとは…
　②事例：最近の中学生や高校生は、その大半が携帯電話を所有し、携帯電話が他人と付き合うための重要な媒体となっている。例えば…
　③根拠：その理由は2つある。1つ目は隣に座る人物に情報を伝えるためにすら、若者が携帯電話を用いてメールを発信することである。至近距離にいる相手にすら声をかけずにメールで連絡するという行為は…
　④説明：彼らは、四六時中携帯電話を手にし、ネット・サーフィンをしたり、メールを打ち込んだりしている。彼らは一日の時間の多くを携帯電話に割き、中には相手とのメール交換から抜け出せなくなる者もいる。…

［6］コンクルーディング・センテンスの作り方

　コンクルーディング・センテンスは、パラグラフで主張する内容を再度宣言し、サポーティング・センテンスを踏まえてまとめる文です。基本的には、トピック・センテンスで提示した内容を再提示し、読み手に再度主張内容を印象づける役割を持ちます。この時注意すべきは、トピック・センテンスとまったく同じ内容を繰り返さないという点です。内容的にはトピック・センテンスに関連させつつ、サポーティング・センテンスの内容を踏まえ、少し発展させてまとめます。もう一つ注意すべきことは、コンクルーディング・センテンスは、「感想」や「印象」を書くものではないという点です。従って、たとえ自分の経験についてまとめるパラグラフであっても、「よかったです」「またやりたいです」のたぐいの、いわゆる単純に「感想」や「印象」を示す文を最後に入れてはなりません。

［7］様々なパラグラフ

　パラグラフは、一つの意味を持つ複数の文の固まりです。このパラグラフを用いて、様々な種類の文章の記述が可能です。代表的なものをいくつか取り上げ、実際に記述する練習をしましょう。

❶──描写型パラグラフ

　「描写型パラグラフ」(Descriptive Paragraph)は、人物、場所、物などについて読み手がその頭の中に絵を描けるように記述するものです。従って、「描写型パラグラフ」では、適切な形容詞等を用いて、情感豊かに対象となる物や情景等を書き示すことが可能です。そしてこのパラグラフの読み手が、記述された対象について、「ああ、この描写でそれがどのような物なのかがよく理解できた」と考えることができれば、「描写型パラグラフ」は有効です。

このパラグラフは、次のように組み立てます。この組み立てを、アウトライン(Outline)と言います。

描写型パラグラフのアウトライン

トピック・センテンス
　・記述する事柄の提示
　・事柄に対する書き手の感情[簡潔に]
サポーティング・センテンス
　・事柄の背景情報、あるいはその歴史
　・事柄の詳細
　・事柄に対する書き手の感情や想い[詳細に]
コンクルーディング・センテンス
　・トピック・センテンスの内容を換言して再主張

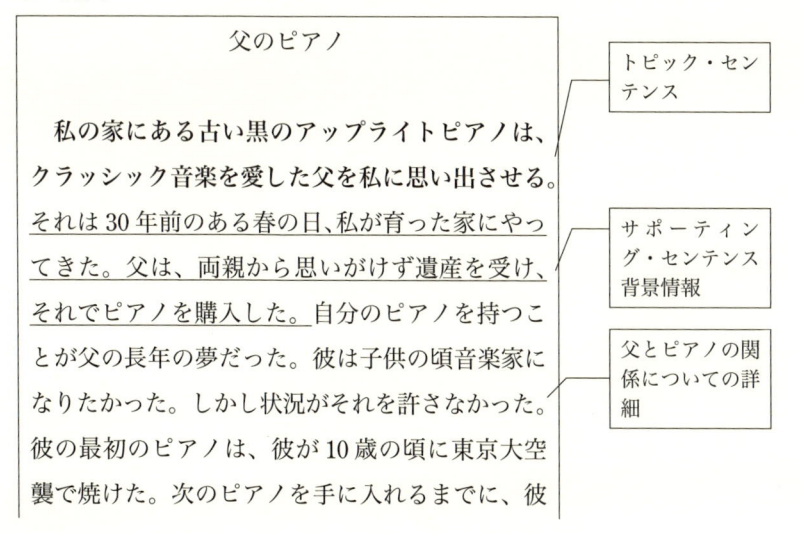

⬛ 例文

父のピアノ

　私の家にある古い黒のアップライトピアノは、クラッシック音楽を愛した父を私に思い出させる。それは30年前のある春の日、私が育った家にやってきた。父は、両親から思いがけず遺産を受け、それでピアノを購入した。自分のピアノを持つことが父の長年の夢だった。彼は子供の頃音楽家になりたかった。しかし状況がそれを許さなかった。彼の最初のピアノは、彼が10歳の頃に東京大空襲で焼けた。次のピアノを手に入れるまでに、彼

→ トピック・センテンス

→ サポーティング・センテンス　背景情報

→ 父とピアノの関係についての詳細

2　パラグラフ　157

> は20年も待たなければならなかった。ところがピアノが到着してまもなく隣家に火事があった。偶然にもその日、父は在宅だった。愛する古いピアノの像が重なり、彼は小さなバケツを掴むと、火に包まれる家に走った。彼は宝物を救いたかったのだ。それから、ピアノは常に父の居間にあり、彼は多忙の合間に音楽を楽しんだ。そのピアノは、父が亡くなったときに私の元にやってきた。**私の家の居間に置かれた黒いピアノの上には、穏やかに微笑む父の写真が置かれている。**

— コンクルーディング・センテンス

◆ 課題5

自分の持ち物の中でもっとも愛着のある物や、好きな場所について、「描写型パラグラフ」を書きましょう。

❷——例示型パラグラフ

「例示型パラグラフ」(Example Paragraph)は、記述されたトピック(話題)について、提示された例を通じて読者が明確な理解を得るために記述するものです。「ああ、この人物(物)について、そのように言えるのは、そういう例があるからなのか」と、読者が理解できれば、「例示型パラグラフ」は有効です。

このパラグラフのアウトラインは、次のような構成になります。

例示型パラグラフのアウトライン

トピック・センテンス
　・例示する物の提示

サポーティング・センテンス
  ・例示1
  ・例示2
  ・例示3
コンクルーディング・センテンス
  ・トピック・センテンスの内容を換言して再主張

例文

国際的研究学園都市―つくば

　つくば研究学園都市は、日本屈指の国際的学術・研究学園都市である。まずそこには、約300に及ぶ研究機関がある。これらは、文部科学省、農林水産省、国土交通省などが有する国立系の研究機関と、化学、製薬、食品などの企業系の研究機関である。そこでは、約1万3000もの人々が研究に従事し、そのうち博士号取得者は半数にも及ぶ。また同市には、国立や私立の大学があり、多くの学生が学問に励む。国立の筑波大学と筑波技術大学、そして私立の筑波学院大学などがそれである。さらにこれらの研究機関や大学には、多くの外国人研究者が勤務している。年間約3000人程度の研究者が世界各国から来日し、家族と共に同市に居住しながら、様々な大学や研究機関で働いている。このようにつくば研究学園都市は、多くの第一線の研究機関と研究者とが集まる日本が誇る世界的学術都市である。

トピック・センテンス
サポーティング・センテンス 1例目
2例目
3例目
コンクルーディング・センテンス

◆ 課題6

自分の所属する大学や企業などの特色を、「例示型パラグラフ」で示しましょう。その際、例を3つ挙げてみましょう。

❸──経過型パラグラフ

「経過型パラグラフ」(Process Paragraph)は、ある過程や仕事を達成するために必要な段階を示すものです。「ああ、この仕事はこの段階を踏めば達成できるのか」と、読者が理解できれば、「経過型パラグラフ」は有効です。

このパラグラフのアウトラインは、次のような構成になります。

経過型パラグラフのアウトライン

トピック・センテンス
　・経過を示すことがらを提示
サポーティング・センテンス
　・段階1　　　＊この部分には、各段階を達成するために必要な道
　・段階2　　　　具の説明やその段階が必要な理由なども含むこと
　・段階3　　　　がある
コンクルーディング・センテンス
　・トピック・センテンスの内容を換言して再主張
　・仕事を達成しやすくするための助言や注意などを含んでもよい

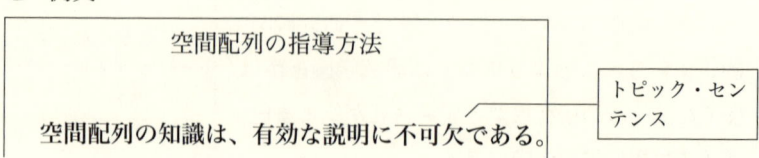

🔸 例文

空間配列の指導方法

空間配列の知識は、有効な説明に不可欠である。　　　　トピック・センテンス

その規則を学生に理解させるのに、フランス共和国の国旗は有効な材料である。まず、説明の対象を設定する。それは、国旗の概念を認識しているもののフランスのそれを知らない人である。次に、学生たちに国旗の説明に必要な要素を考えさせる。それは、色、模様、形である。その後、それらの中でどれを優先するかを学生に論理的に考察させる。形がなければ模様や色の情報提示はできないとの判断に彼らが到達したら、形についての具体的な説明について考えさせる。それは、横長の長方形で、縦2、横3の比率である。さらに、2つ残った要素の内、どちらを優先すべきかを彼らに検討させる。模様のないところに色は載せられないため、模様の説明が次に来る。それは、縦縞で3等分されている。その後、その模様の中に色を載せる。それは3色で、左から青、白、赤である。最後に、学生に再度空間配列の規則を確認させる。説明は一般的に外から中に向かって実施される。空間配列もこの規則に従い、大きい情報から小さい情報に向かって配列する。**ひとたびこの空間配列の説明方法を十分に理解すると、それはあらゆる情報の提示に有用である。**

> サポーティング・センテンス
>
> まず…
> 次に…
> その後…
> さらに…
> その後…
> 最後に…

> コンクルーディング・センテンス

◆ 課題7

何かの過程、仕事の段取り、あなたのこれまでの人生などを、「経過型パラグラフ」を用いて記述しましょう。

❹——意見型パラグラフ

「意見型パラグラフ」(Opinion Paragraph)では、筆者は自分の意見を示し、読み手の説得を試みます。「ああ、この意見には賛成できる」と、読み手が納得すれば、「意見型パラグラフ」は有効です。

このパラグラフのアウトラインは、次のような構成になります。

<u>意見型パラグラフのアウトライン</u>

トピック・センテンス
　・話題とそれに対する筆者の意見を提示
サポーティング・センテンス
　・意見を支える根拠の提示
　・意見を支える事実や説明、筆者の経験など
コンクルーディング・センテンス
　・トピック・センテンスの内容を換言して再主張
　・意見に対するコメントが入ることもある

🔸 例文

起承転結は実用文には不適 ───[トピック・センテンス]

　実用文の構成には**起承転結は不向きである**。日本では、その構成が小論文などに勧められることがしばしばある。インターネットなどでそうした文章の記述方法を検索すると、起承転結での記述を勧めるものが相当数存在する。しかし、それは元々文学の世界で生まれたもので、実用文とは無縁である。「大辞泉」(小学館)でもそれは、「漢詩、 ───[サポーティング・センテンス]

特に絶句の構成法」であり、「第1句の起句で詩意を言い起こし、第2句の承句でそれを受け、第3句の転句で素材を転じて発展させ、第4句の結句で全体を結ぶ」ものと明確に定義されている。このように起承転結は文学の世界に属する構成法であり、実用文への応用はすべきではない。

― インターネット上の記述、「大辞泉」での定義など、証拠を提示

― コンクルーディング・センテンス

◆　課題8
次の話題について、「意見型パラグラフ」を記述しましょう：
①携帯電話の必要性
②大学進学
③大学時代の過ごし方

❺――物語型パラグラフ

「物語型パラグラフ」(Narrative Paragraph)は、トピック・センテンスとコンクルーディング・センテンスとの間に「物語」を埋め込んだものです。つまり、サポーティング・センテンスの部分に「物語」を示すことになります。ところで、「物語」とは「事件」です。そのため、自分の身に起こったある「事件」や「経験」を語る際には、この「物語型パラグラフ」を使うことになります。この文章の特徴は、自分の主観を交え、生き生きと語ることが許される点です。

「物語型パラグラフ」は、次のような構成になります。

> ### 物語型パラグラフのアウトライン
>
> トピック・センテンス
> 　・どのような物語なのかを提示
> 　・いつ・どこでの物語なのかを提示してもよい
> 　・フック(鉤)のある文になるように工夫する
> サポーティング・センテンス
> 　・物語の詳細を語る
> 　・事件の成り行きを示す
> 　・事件や経験に対する筆者の考えや感情を入れてもよい
> コンクルーディング・センテンス
> 　・トピック・センテンスの内容を換言して再主張
> 　・事件や経験に対する筆者のコメントや感情を入れてもよい

🔸 例文

> ### おもしろい本
>
> **マンガは時に大人をも 虜(とりこ) にするものである。** ある日の田村家での夕食時、おいしそうな食事からはホカホカと湯気が立ち上るのに、いつまで経っても息子のケンタがやって来なかった。母親が何度彼を呼んでも、返事すらなかった。ついに腹を立てた田村氏は、息子を部屋まで呼びに行った。そこではケンタが床に腹ばいになり、マンガに興じていた。田村氏は父親の威厳を示し、息子に厳しい注意を与え、渋る彼を食堂に行かせた。ところがそこで、田村氏はふと息子が読んでいた

トピック・センテンス

サポーティング・センテンス

コママンガの物語の内容

マンガに目を落とした。さてそれから食卓では、ケンタが母親と2人で食卓を囲み、父親が戻ってくるのを今や遅しと待っていた。ところが父親はいっこうに戻らず、そのうちに食事はすっかり冷めてしまった。ついにしびれを切らした母親は、息子に父を呼びに行かせた。するとあろうことか、彼の部屋で父親がマンガに熱中していた。厳格を自認する田村氏も、さすがにマンガの魅力には抵抗できなかったのである。

コンクルーディング・センテンス

◆　課題9

①自分自身が出会った事件や経験について、「物語型パラグラフ」を用いて記述しましょう。

②読んだ小説や見た映画について、「物語型パラグラフ」でどんな内容だったかを示しましょう。この場合、トピック・センテンスには、小説や映画のタイトルを示します。

3. 小論文

次に本論…ローマ、ベネチア、フィレンツェ…どの順番で3つのパラグラフを作ろうかな…。日付順で行くか、地図上の順番で行くか…それとも歴史？3つの都市をどうやって関連づけようか……？

結論も侮れない。全体をまとめつつ、論題を別の言葉で言い換える…これが簡単そうで難しい…そしてうまく「終わり」の感じを出す…しりきれとんぼにならないように……

今日は経験したことがらについて小論文を書く課題。この間行ったイタリア旅行での経験を書こう。
まず、序論は逆三角形に構成する…人の興味を引く文から初めて…最後に論題…そうそうこんな感じ。

小論文とは、複数のパラグラフで構成される文章です。これは英語では、Essay と呼ばれます。日本では、エッセイは一般的に「随筆」と訳され、「自己の見聞・体験・感想などを、筆に任せて自由な形式で書いた文章」(大辞泉) と認識されています。しかしながら、英語で Essay と言った場合、それは定型で構成された文章を指し、内容は自由ながら、形式には規則があります。ここで言う形式とは、「序論・本論・結論」です。ここでは、パラグラフの発展形式である小論文(Essay)の基本形式を学習し、記述する力を身につけましょう。

　なお、パラグラフと小論文については、欧米では方法論が既に一般化しており、教育現場で当然のこととして指導されます。そのため大量の教科書・参考書類が出版されています。またそれらの記述内容に大きな相違はありません。

[I] 小論文(Essay)の型

　小論文の記述力を身につけるためには、まずその形式のイメージを頭の中に持ちましょう。小論文については、「序論・本論・結論」の形式で記述することはどこにでも書いてあります。しかし、それぞれの部分をどのように構成すべきかについては、滅多に書かれていません。既に記述したように、小論文の基礎はパラグラフです。従って、その組立形式の理解抜きには、「序論・本論・結論」の理解にも到達できないことになります。小論文の構成を理解するには、まずは頭の中の図でそのイメージを持ちましょう。

❶──パラグラフと小論文：構成要素の役割の共通性

　始めに、パラグラフと小論文における構成要素の役割の共通性を記憶に焼き付けましょう。パラグラフも小論文も３つの要素から構成され、それぞれは次のような関係になっています：

表 4.1　パラグラフと小論文：構成要素の役割の共通性

パラグラフ	小論文
トピック・センテンス	序論(Introduction)
サポーティング・センテンス	本論(Body)
コンクルーディング・センテンス	結論(Conclusion)

この関係を図にすると、次のようになります：

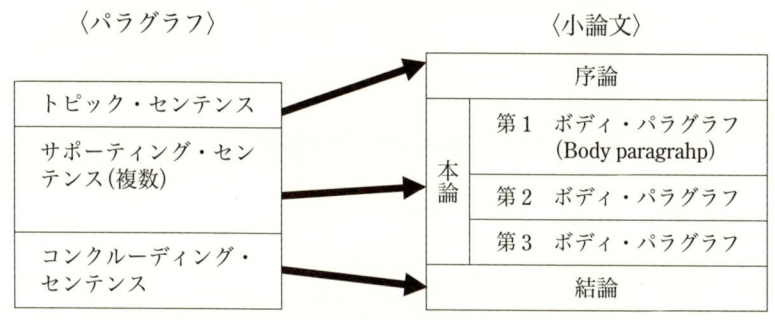

図 4.2　パラグラフと小論文：構成要素の役割の共通性

さらに、パラグラフと小論文の各構成要素は、次のような役割を持っています：

表 4.2　パラグラフと小論文：それぞれの構成要素

パラグラフ	小論文
○トピック・センテンスが話題提示 ○トピック・センテンスが話題を制御するアイディア(Controlling idea)を提示	○序論が話題提示 ○論題(Thesis statement)が話題を制御するアイディア(Controlling idea)を提示
○サポーティング・センテンスがトピック・センテンスのアイディアを支持(サポート)	○ボディ・パラグラフが論題のアイディアを支持(サポート) ○各パラグラフはトピック・センテンスを持つ完全なもの
○コンクルーディング・センテンスがトピック・センテンスのアイディアを再提示	○結論は序論の論題を再提示

3　小論文

ここまでの説明で、小論文が、「序論・本論・結論」で構成するという理解だけでは記述できないこと、その前提にパラグラフの知識と理解、そしてスキルが必須であることが明らかになりました。この段階でパラグラフの理解が不十分な人は、一度前に戻って再度その形式と構成方法とを頭にたたき込みましょう。小論文の記述力をものにするには、まずはパラグラフをきちっと記述できるようにすることが近道なのです。その理由は、両者の関係が明白に示しています。

❷──パラグラフと小論文の比較

ここでパラグラフと小論文が構成的にどのように異なるのかを、具体的に体験してみましょう。次ページの2つの文章を読み比べてください。その違いがよく理解できるはずです。

❸──基本的な小論文

小論文〈エッセイ〉は、パラグラフで構成されます。次が基礎的なものです：

3-パラグラフ・エッセイ	本論(ボディ)のパラグラフが1つ
4-パラグラフ・エッセイ	本論(ボディ)のパラグラフが2つ
5-パラグラフ・エッセイ	本論(ボディ)のパラグラフが3つ(右ページはこの例です)

本論(ボディ)部分の数が多くなればなるほど、当然のことながら、記述は複雑になり、難しくなります。そのため、いきなり長い小論文に手を出さず、まずは3-パラグラフ・エッセイから始めましょう。パラグラフの形式を身につけること、その上で、その形式を小論文に応用するスキルを身につけること──それが、小論文の記述力を向上するための一番の近道です。

パラグラフ	小論文
→同じ親から生まれても兄弟姉妹の性格は異なるものである。橘家の長女の薫は気丈で、面倒見がよい。彼女は滅多に感情を表に出さず、また妹たちの心身両面の問題によく付き合う。一方、次女の渚は、常に自分のことが優先で、周囲の状況にあまり関心を示さない。ところが上下の姉妹間に問題が発生すると、その修復役を引き受けるのが彼女である。さらに、三女の華は、すぐに甘えて人に頼ろうとする。それでいて、いざという時に一番冷静なのが彼女である。このように橘家の三姉妹の性格は三人三様である。	子は親から生まれる。一組の同じ男女の子供でも、遺伝子の微妙な組み合わせの違いで子供は様々な個性を持つ。橘家の三姉妹もこの例に漏れない。同じ親から生まれながら、彼女たちはそれぞれが個性的である。 　長女の薫は気丈で、面倒見がよい。彼女は我慢強く、問題に直面しても、内心の焦りや落胆を表さずに淡々と対応に努力する。この性格は対人においても表れる。感情的になった相手にじっくりと付き合い、なだめて落ち着かせるのを彼女は得意としている。彼女のこの特技は、二人の妹に対しても遺憾なく発揮されてきた。 　一方次女の渚は、常に自分のことが優先で、周囲の状況にあまり関心を示さない。よく言えば、自立的、悪く言えば自分勝手が彼女の特徴である。彼女は自らの感情を制御できないときには、容赦なく上下の姉妹に襲いかかる。それでいて、彼女たちが問題に直面すると無関心を決め込む。ところが、上下の姉妹間に問題が発生すると、間で首尾よく立ち回り、両者の関係を修復するのも渚である。 　三姉妹の末っ子の華は、すぐに甘えて人に頼ろうとする。華は甘えどころを心得ていて、実に巧みに長女を利用する。ところがいざという時に三姉妹の中でもっとも冷静に対応できるのも彼女である。 　このように橘家の三姉妹の性格は三人三様である。彼女たちはそれぞれが互いの長所と短所を補い合いつつ、日々の問題に対処している。同じ親から生まれながら個性が異なるのは、実は社会を巧みに生き抜くための知恵なのかもしれない。

❹──小論文のイメージ

　小論文の記述力を自分のものとするために、その全体像のイメージを頭の中に焼き付けましょう。パラグラフがいくつある小論文でも、その全体像は常に一定です。

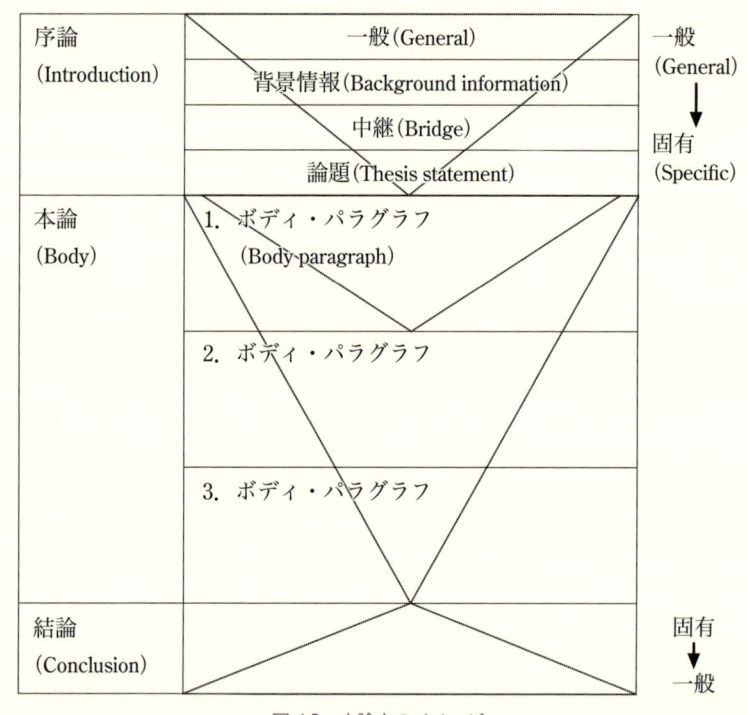

序論 (Introduction)	一般 (General)	一般 (General) ↓ 固有 (Specific)
	背景情報 (Background information)	
	中継 (Bridge)	
	論題 (Thesis statement)	
本論 (Body)	1. ボディ・パラグラフ 　 (Body paragraph)	
	2. ボディ・パラグラフ	
	3. ボディ・パラグラフ	
結論 (Conclusion)		固有 ↓ 一般

図 4.3　小論文のイメージ

❺──小論文のための基礎技術を再確認

　ここで、小論文記述のための基礎技術を再確認しておきましょう。小論文を記述する際に、常に頭の中に置いておくのは「問答ゲーム」です。パラグラフや小論文では、いずれも与えられた問いに対して自分の考えを提示することが求められます。そのため、基本は「問答ゲーム」と同じ

です。

　もう一つ意識すべきは、「空間配列」の技法です。「空間配列」のルールは、「大きいことから小さいことへ」です。このルールが小論文にも適用されます。パラグラフでは、トピック・センテンスが「大きいこと」と既に説明しました。これが、小論文になると、序論の最後に置かれる論題(Thesis statement)が一番大きい情報となります。さらに、本論(ボディ)のパラグラフ自体も、大きい情報から小さい情報に向かうように意識して並べます。つまり、「空間配列」のスキルが確実に身についていることが、小論文上達の早道なのです。

　小論文は、「序論・本論・結論」の構成にしさえすればよい、という発想をまず捨てましょう。「問答ゲーム」「空間配列」「パラグラフ」を確実に身につけ、その上でまずは短い小論文の記述訓練から始めましょう。パラグラフを意識し、それを発展させ、内容を深めることを意識すれば、必ず小論文は書けるようになります。

[２]序論

　小論文の最初の部分を担う序論は重要です。いきなり本論で主張したい事柄を述べても読者は面くらいますし、だからといって主張内容は全て本論任せでは、序論の存在意義がありません。序論は一般的な内容から入って読者の興味を引き、２つの段階を経て読者を筆者の主張したい内容である論題に導きます。これを、「序論のための４文メソッド」として覚え、身につけることが、巧みな序論を構成するための手がかりとなります。

❶――序論＝逆三角形

　序論は、逆三角形で構成します。この構成のために、「序論のための４文メソッド(The 4-sentence method)」を覚えましょう。

表4.3　序論のための「4文メソッド」

1.	最初の一般的な内容の文（General） 小論文の内容を一般的な事柄で紹介。内容への「手掛かり」を与える。驚くような統計的数字・一般的事実・印象的な例・逆説的な主張・引用・問い掛け・ジョーク・逸話など
2.	背景情報（Background Information） 読者に主張内容を理解してもらうために必要な情報の概略（1-2文）。詳細不要
3.	中継・橋渡し（Bridge Sentence） 背景情報を主張に繋げる橋渡し
4.	論題（Thesis Sentence/statement） 本論での主張内容の予告

© Tsukuba Language Arts Institute

　このように序論は基本的に4文で構成します。読者の興味を引く一般的な内容（General）から入り、その背景情報（Background）に言及し、この文と次の論題を橋渡し（Bridge）する文を入れ、最後にこれから記述する小論文（Essay）に固有（specific）な論題（Thesis statement）を提示します。この序論の形は、図にするとちょうど逆三角形のようになります。広い面から入り、最後に頂点に達するというような感覚です。「序論は4文で逆三角形を構成する」——このように記憶していると、序論の構成が楽になるでしょう。

❷──序論における論題の役割

　序論の最後に置かれる論題（Thesis statement）は、序論の中でも最も重要な文です。この文が具体的に、本論で何について論ずるのかを方向付けます。つまり、論題は、既に述べたように、トピック・センテンスにおけるコントローリング・アイディアの役割をするのです。この論題をもって序論は完成し、本論である話題について自らの考えを提示する準備ができるということになります。

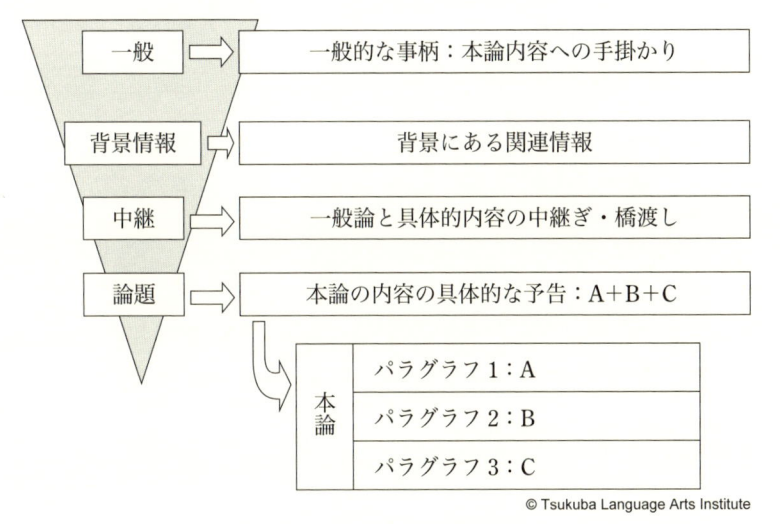

```
┌─────────────────────────────────────────────────┐
│ 一般     ⇒  一般的な事柄：本論内容への手掛かり    │
│                                                 │
│ 背景情報 ⇒       背景にある関連情報              │
│                                                 │
│ 中継     ⇒  一般論と具体的内容の中継ぎ・橋渡し   │
│                                                 │
│ 論題     ⇒  本論の内容の具体的な予告：A＋B＋C    │
│                                                 │
│              ┌──┬─────────────────┐              │
│              │本 │パラグラフ1：A  │              │
│              │   ├─────────────────┤              │
│              │論 │パラグラフ2：B  │              │
│              │   ├─────────────────┤              │
│              │   │パラグラフ3：C  │              │
│              └──┴─────────────────┘              │
└─────────────────────────────────────────────────┘
                          © Tsukuba Language Arts Institute

図 4.4　序論の構成と本論の関係

## ［3］本論

### ❶──本論の組み立て

　本論は、序論の論題で宣言した内容を、具体的に論理的に記述する部分です。せっかく巧みに序論を組み立てても、この本論の組み立てがうまく行かなければ、結局小論文として機能しなくなります。

　本論は、一般的に「図 4.5　本論の構造」（次ページ）の(1)一般型が示すような構造に組み立てます。逆三角形型です。すなわち、重要なもの、大きなもの、概要に近い内容を持つものを優先し、パラグラフが進むごとにだんだん重要度が小さくなります。私はこれを「デクレッシェンド型」と呼んでいます。これは音楽用語で、「音をだんだん弱く」という意味です。それと同じように、最初に大きな音を発する強い主張のパラグラフを置き、後ろへ行くほど主張が弱くなるのがこの型です。一般的な小論文は、ほとんどこの「一般型」を用いて記述します。論文の場合も同
```

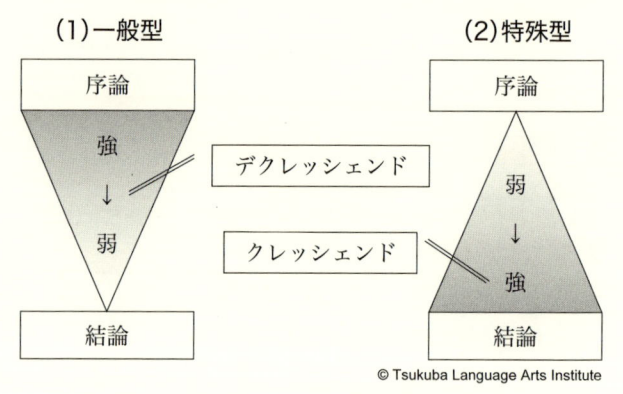

図4.5　本論の構造

じです。

　これに対して、一般型とは逆の形にパラグラフを並べる型もあります。これは図4.6には、(2)特殊型として示しました。これは、「クレッシェンド型」と考えると理解しやすいでしょう。同じく音楽用語で、「だんだん強く」を意味します。この場合はつまり、最初に弱い主張のパラグラフを置き、だんだん主張を強くしていくという方法です。この「特殊型」は、相手を説得するときなどに有効です。相手の説得を目的とする場合、いきなり筆者の強い主張をぶつけたのでは、相手が気分を害して拒絶する可能性があります。そこで意図的に弱い主張から始め、だんだんに主張を強くしていくのです。

　型の選択は、小論文の目的に応じます。記述内容にもっとも適した型を選択することが必須です。一般的には、(1)一般型の方法をしっかり身につけることが重要です。

❷——本論のパラグラフ同士のつながり

　本論にいくつかのパラグラフが並ぶ場合、その相互が速やかに論理的につながることは重要です。英語ではこれを、トランジッション

(Transition)と言います。飛行機の乗り継ぎに使われるその言葉を用いて、一つのパラグラフから次のパラグラフへうまく乗り移ることを目指します。

[4]結論

　結論は、小論文の終わりに置かれ、全体を纏める役割を持ちます。イメージとしては、正三角形の形に内容を作る、と記憶しましょう。これがどういうことかと言えば、本論には、論題に特化した固有な内容が論述されます。ところがそのままの調子で終了しようとすると、落ち着きが悪く安定感に欠けます。そこで、結論では、序論とは逆に、固有(Specific)な本論の内容を受け止め、一般(General)へ押し広げて全体を安定させるのです。これは突然、感想を入れたり、好き勝手な考えを述べたりすることとは違います。

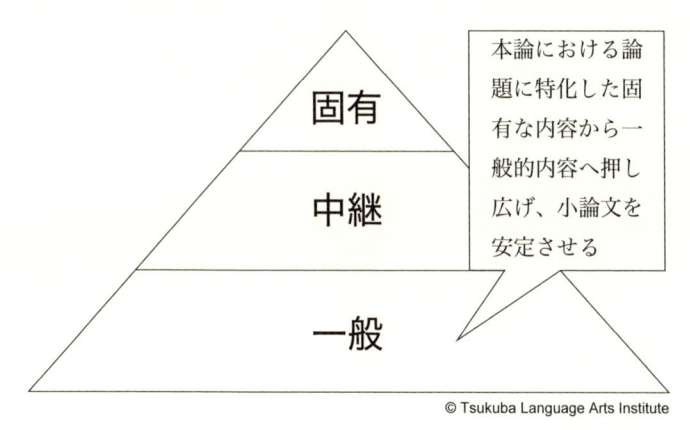

図4.6　結論の構造

[5]アウトライン

　小論文の構成方法を理解したら、次は記述のための準備に入ります。アイディアを発想するためには、ブレインストーミング、マッピングな

どの方法があります。これらについては多くの書籍が出版されていますので、それらを参考にしてください。ここでは、考えた事柄を整理し、小論文を記述するための最終準備段階である「アウトライン」を取り上げます。

書くべき内容が決まったら、考えをアウトラインに整理し、最終的に記述するための準備をします。アウトラインは、記述内容によって多少変更はあります。しかし、基本的には次のように構成します。

---
1. 序論
    一般(general)
    背景情報(Background information)
    中継(Bridge)
    論題(Thesis statement)
2. 本論
    2.1
    2.2
    2.3
3. 結論
    固有
    中継
    一般

次に示すのは、「❷パラグラフと小論文の比較」で例に示した小論文のためのものです。このようにまずブレインストーミング、あるいはマッピングなどの手法を用いて記述する内容を発想します。その後、アウトラインに大まかに整理し、その上で本格的な記述に着手します。

課題：人の個性

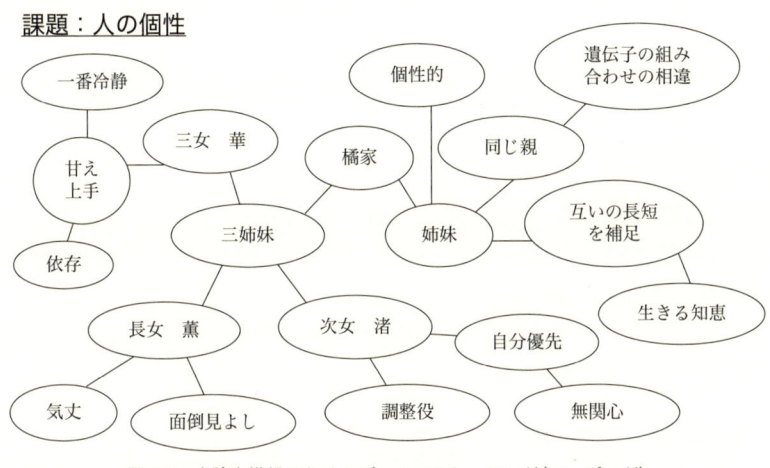

図4.7 小論文構想のためのブレインストーミング（マッピング）

1. 序論
   一般：子は親から生まれる
   背景情報：兄弟でも遺伝子の組み合わせで個性が異なる
   中継：橘家の三姉妹も同じ
   論題：同じ親から生まれてもそれぞれ個性的
2. 本論(3人それぞれの説明)
   2.1 長女の薫―気丈・面倒見がよい
       姉妹に対しても同じ
   2.2 次女渚―自分優先・周囲の状況に無関心
       上下間に問題発生の折には調整役
   2.3 三女(末っ子)華―甘え上手・人に依存
       いざという時にもっとも冷静に対応
3. 結論
   固有：橘家の三姉妹は個性的

> 中継：互いの長短を補足し合い日々の問題解決
> 一般：社会を生き抜くための知恵

[6] 様々な小論文

　小論文と一口に言っても、パラグラフの場合と同じくいくつもの種類があり、序論・本論・結論の外枠の型自体は一定ながら、実際には種類に応じて書き分ける必要があります。代表的なのは次のようなものです：

a. 描写型小論文(Description Essay/Descriptive Essay)
b. 経過分析型小論文(Process Analysis Essay)
c. 意見型小論文(Opinion Essay)
d. 物語型小論文(Narration Essay/Narrative Essay)
e. 定義型小論文(Definition Essay)
f. 論証型小論文(Argumentation Essay/Argumentative Essay)
g. 分類型小論文(Classification Essay)
h. 文芸分析型小論文(Literary Analysis Essay)
i. 比較と対照型小論文(Comparison and Contrast Essay)
j. 原因と結果型小論文(Cause and Effect Essay)

　文学作品や評論、新聞記事などをクリティカル・リーディングした後に課される小論文も、上記(h)、あるいはこれらの型のいずれかで対応可能です。
　次に、上記の小論文の方の中のいくつかを取り上げ、実際の記述に挑戦してみましょう。

❶──分類型小論文

　分類型小論文(Classification Essay)は、ある話題を項目やグループに分類し、それらの特性について記述していくものです。1つのパラグラフでは、1つの項目(グループ)しか扱いません。ちなみに、[1]❷で示した小論文(171ページ)はこの型に属します。三姉妹を分類し、一人一人の個性について記述されているからです。

◇　分類型小論文のアウトライン

---
1. 序論
    一般(general)
    背景情報(Background information)
    中継(Bridge)
    論題(Thesis statement)
2. 本論(3人それぞれの説明)
    2.1　項目(グループ1)
    2.2　項目(グループ2)
    2.3　項目(グループ3)
3. 結論
    固有
    中継
    一般

◆　課題1

　次の話題(トピック)で、分類型小論文を記述しましょう。分量は1000字程度を目指します。
- 高卒後(大卒後)の進路の選択
- 学部の中にある学科

- いくつかある趣味
- 自分で決めた自由な話題

❷──経過分析型小論文

経過分析型小論文(Process Analysis Essay)は、ある過程を段階を追って示すものです。製品の製作過程、ゲームの進め方、イベントの制作過程、ある状況に至った経緯などについて──その発想(勃発)から準備(経過)、完成(結果)に至るまでの段階──がこの方法で記述されます。

✧ 経過分析型小論文のアウトライン

```
1. 序論
    一般
    背景情報
    中継
    論題
2. 本論
    2.1  第1段階
    2.2  第2段階
    2.3  第3段階
3. 結論
    固有
    中継
    一般
```

ここでは高校2年生が、文化祭の準備から実施までを記述した「経過分析型小論文」の例を以下に提示します。例文では、「まず、次に、最後

に」と順序を表す言葉をパラグラフの冒頭に置いてトピック・センテンスを組み立てています。また、各パラグラフのコンクルーディング・センテンスでも、次につながる準備を整え、うまく次のパラグラフに乗り継ぎ(トランジット)するよう工夫しています。

高校生にとっての祭り――その名も文化祭　　　　高校2年生　H.S.

　日本の高校には、文化祭という祭りが存在する。高校生にとっては、一年に一度、自らの社会性を発揮できるよい機会である。この祭では、クラスで何かを企画したり、個人で出し物を行ったりする。その成功の鍵は、企画、準備、実施という経過を周到に踏むことである。

　まず、人目を引く企画を立てることは、自分たちの出し物を成功させるための大事なステップである。その際に最も重要なのは、対象の多角的な検討である。例えば、出し物が飲食店の場合、準備段階時や文化祭時の役割分担、効果的な出店スペース、見込める予算や利益、必要な器具や備品、消耗品や、食材の量とその経費、さらには適正な販売価格など、様々なことについて検討する必要がある。この企画段階で必要事項をきっちり詰めることが、容易な準備を導くことにつながる。

　次に、当日必要な準備を事前に万端に整えることが、出店には不可欠である。準備は、大きく分けて3種類に分類できる。一つは、機材や器具、消耗品などを借り入れたり、購入したりする作業である。これらは前日までに準備し、適切な場所に設置する。もう一つは、食材の準備である。これは前日までに調達し、必要な保存措置をとる。この時、食品の衛生管理に配慮し、当日の食中毒の発生を予防することは重要である。調理の段取り確認も必須である。さらに、広報活動も大切である。客を呼び込むための印象に残るような広告の作

成は、美術系を得意とするメンバーが担当する。ここまで準備が整えば、後は当日を待つばかりである。

最後に当日の実施段階では、いかに客を引きつけ、販売するかが祭りの成功を決める。それはひとえに準備した料理の完売にかかる。そのためには、美味な料理の調理に加え、当日積極的に大勢の人に声をかけて、店のアピールをする。こうして自分たちの稼ぎで文化祭後に打ち上げができれば、最高の高校時代の思い出となる。

このように文化祭は、クラスが一体となって何か一つのものを行うことで高校生活を大いに盛り上げるイベントである。そのためには企画、準備、実施という3段階を綿密に行う必要がある。その際に発生する努力や苦労は、祭りが成功し、利益を得て楽しい打ち上げにつながることにより解消される。

もう1つは大学院生が記述した経過分析型の小論文です。彼は、言語技術の基礎から学習を開始し、2年間で下記のような小論文を記述できる水準に達しました。経過分析型のルールに則り、わかりやすく論文執筆までのプロセスを提示しています。

論文を執筆するまでのプロセス　　　　　　　　　大学院生　K.I.

実験科学に従事する科学者にとって、論文を執筆することはきわめて重要である。なぜなら、論文の数や質が直接業績として数えられ、雇用時の判断材料として利用されるからである。科学者が一本の論文を完成させるまでには、大別して構想、実験、執筆の三つの段階がある。

論文執筆の第一段階は「構想」である。この段階で、科学者は何を明

らかにしたいかの目的を明確化させ、計画を練る。通常、目的は彼らの趣味趣向に従うことが多く、自由に設定される。しかし、自由が許されるがゆえに、科学者はしっかりと文献研究を行わなければならない。なぜなら、科学において二番煎じの研究には価値がないからである。文献研究を通じて、科学者は自身の立てた目的と先攻研究を比較し、自分の研究が真に価値がある内容かどうかを見極めなければならない。また、その目的を達成する上での課題も明確にしなければならない。課題が明瞭になれば、続いて、その課題と関連した論文を参考に、仮説を導き出す。仮説とは、実験を行う前の結果の予測であり、この仮説を検証することが実験の目的になる。このようにして実験の目的が定まれば、後はどのような実験が必要かの計画を立てる。計画を立てる段階で、実験にかかる日数や費用を概算し、実験が問題なく進行するように準備を行う。ここまで論文の構成が進めば、続いて「実験」に取りかかる。

　「実験」は、仮説検証の作業である。前述の通り、仮説は実験前の結果の予測であり、その検証が実験の目的となる。そのため、原則として一つの実験に対して仮説は一つしかない。つまり、一つの実験に目的が複数あるとすれば、その目的を明らかにするために複数の条件で実験を行う必要がある。条件が複雑になれば、実験により得られた結果には様々な要因が混ざり込む可能性が出てくる。従って、何が原因でその結果が生じたのか、因果関係が不明になる。原因と結果が分からなければ、仮説が正しく検証されたのかが不明になるため、実験としては失敗となる。また、たとえ実験が成功しても、その結果を鵜呑みにしてはならない。真実へと近づくためには、必ず、結果の再現性・妥当性・信頼性を確かめ、結果を積み上げなければならない。ここまで実験を詰めることができれば、執筆という最後

の段階に移る。

「執筆」は、文字通り「論文を書く」段階である。科学論文の体裁は、緒言、方法、結果、考察という型に決まっており、科学者はこの体裁に従って論文を書くことになる。具体的には、緒言では、過去の研究を踏まえた上で、この研究が明らかにしようとする目的と仮説を明確にする。続く、方法では、誰がその実験を行っても再現できるように、実験の手順が詳細に記述される。多くの場合には、まず、実験に使用した環境と対象動物の情報が表記され、その後、実験一、二、三という形式で各実験に用いられた手技手法の詳細が明記される。特に、用いた実験機器や薬品等が情報を誰でも入手できるように、購入したメーカーや生産国、型番の表記が必須である。結果は、得られたデータをありのままに表記しなければならない。データの改ざんは、研究者にとって命取りであるため、結果の取り扱いには特に注意する。考察では、得られた結果が社会的にどのように意味や意義を持つのかをアピールする。

このように、構想、実験、執筆の三つのプロセスを経て、科学者は一本の論文を完成させる。しかし、通常、この三つのプロセスが順調に進むことは少ない。例えば、構想が上手くいったとしても、実験で失敗する場合や、成功しても予期しない結果に決着する場合が多い。こういった場合、科学者は改めて構想の段階に立ち返り、追試を行うことで、ようやく執筆の段階へたどり着く。ところが、科学者に執筆の能力が無ければ、第二段階までの苦労が無に帰す。苦労して得られた物事の真理が論文として執筆され、世間に披露される機会を失うからである。つまり、科学者が論文を執筆するためには、どの能力も欠くこと無く、この三つのプロセス全てに通じたスキルが求められることになる。

◆ 課題2

次の話題(トピック)で、経過分析型小論文を記述しましょう。分量は1000字程度を目指します。

- ある物の作り方(例：折り紙・料理・音楽・イベントなど)
- ある物のやり方・仕方(例：ゲーム・試合・訓練など)
- 試験の効果的な準備
- 就職活動
- 専門科目の決定
- 自分で決めた自由な話題

❸──物語型小論文

物語型小論文(Narration Essay/Narrative Essay)では、「物語」を記述します。この場合の物語とは、自分の経験、事件、行動などです。形式は小論文の形をとります。しかしながら、中身は「物語」として読者が楽しんで読めるように、経験や事件を生き生きと描写します。ただし、「物語」とは言え、これはあくまでも小論文です。本論の各パラグラフは、トピック・センテンスで始まるように組み立てに配慮します。

✧ 物語型小論文のアウトライン

1. 序論
一般
背景情報
中継
論題
2. 本論(時系列で並べるのが一般的)
2.1

```
      2.2
      2.3
  3. 結論
     固有
     中継
     一般
```

次の小論文は、高校 3 年生が自分の中学時代の部活動での経験を物語ったものです。形式は小論文の形をとりながら、本論部分は、生き生きとした物語の性質を持っています。

忘れられない興奮と歓喜　　　　　　　　　　　　高校 3 年生　N.S.

　青春時代の一瞬の出来事が、人を最高に光り輝かせるときがある。私にとってのそれは、中学時代に打ち込んでいた陸上競技大会でのことだった。中学時代、私は県の強化指定選手に指名され、陸上に生活の全てを捧げていた。そのような私にとって、最後の県大会であった 3 年生の決勝は忘れられないものとなった。
　中学 3 年生の夏、最後の県大会の 2 日目、残されたのはいよいよ 400 メートルリレーの決勝のみとなった。私にとって勝負を決する時間が近づいていた。私の中学校は県内でも有数の陸上強豪校で、毎年全国大会出場者を輩出してきた。女子 400 メートルリレーも、3 年連続で茨城県の代表として全国大会に出場していた。そのような環境の中、私も他のメンバーもむろん全国大会出場を目指していた。しかし現実は甘くはなかった。全国大会に出場できるのは、各都道府

県につき1校のみだった。そのため私たちは、県大会の決勝でなんとしても勝たなければならなかった。ところが、私たちのチームは、予選終了時点で全体の2位、しかも1位の中学校には、100メートル走で2位と3位の選手が名を連ねていた。私たちは圧倒的に不利だった。それというのも、私たちのチームには100メートル走1位の選手はいたものの、残りの選手は走り幅跳び、ハードル、200メートル走がそれぞれ専門だったからだ。事実、前年の2年生の時には同じメンバーで戦って僅差で相手に負けていた。先輩たちが築きあげてきた伝統を私たちの代で途絶えさせるわけにはいかなかった。

　私たちは必死になってプレッシャーと戦い、モチベーションの向上に努めた。伝統校の重みに押しつぶされそうになっていた私たちは、決勝の直前にはガチガチの緊張状態にあった。さらに、リレー決勝直前に実施された走り幅跳び決勝で、私は目標としていた全国大会出場のための標準記録突破に失敗し、意気消沈していた。それは私ばかりではなかった。メンバーの中には、全国大会進出は決めたものの、目標としていた順位を取れず、落胆している者もいた。メンバーのモチベーションを最高点に持って行かなければ格上の相手には勝てない。決意を新たにするため、私たちは決勝直前に円陣を組み、「全国大会に出場して、みんなで一緒に香川でうどんを食べよう！」と、誓いの言葉を唱えた。半ば冗談のような誓いながら、私たちはずっとこの言葉を支えに日々努力してきたのだった。そのおかげで緊張が多少ほぐれ、程よい緊張感の中、4人全員が「全国大会出場」の誓いを胸に、各召集所に散っていった。

　一走で勝負が決まる——そう私は確信していた。1回のフライングによる仕切り直しの後、ピストルの合図が夏の青空に響き渡った。一走の私は、無我夢中で走った。そして、全力で二走にバトンを繋いだ。

二走、三走、四走とバトンが繋がれ、私たちのチームのアンカーがゴールに向かって走ってきた。相手の中学にはバトンミスがあり、私たちのチームはその時点で断然一位だった。その様子を見ながら、私は勝利を確信し、歓喜した。走行時間は、たった50秒ほどに過ぎない。しかし、私にはその一瞬が永遠にも思われた。アンカーがゴールを切った瞬間、私たちは競技場にいた誰よりも輝いていた。

　青春時代の一瞬の出来事は、人を最高に輝かせ、生涯忘れられないほどの興奮と歓喜とをもたらす。私にとっての400メートルリレーの決勝がまさにそれだった。それは、努力したことは必ず結果となって現れるということを実感した瞬間でもあった。以来私は、どのような辛いことも、あの興奮を思い出せばがんばれるような気がする。自分が輝いた瞬間は、後々の人生の中でビタミン剤のように働き、結果的に自らを大きく成長させるのである。

◆　課題3

　次の話題で、物語型小論文を記述しましょう。分量は1000字程度を目指します。

- 忘れられない経験
- 身の回りで起こった大事件
- 自分に何かを教えてくれた重要な出来事
- 苦渋の決断
- 自分の人生における大切な人との出会い
- 自分で考えた自由な話題

❹──比較と対照型小論文

　比較と対照型小論文（Comparison and Contrast Essay）は、あることがらについて、比較対照し、類似点と相違点とを提示するものです。その

方法としては、通常2種類の方法があります：
A) ことがらごとに比較対照する方法
B) ことがらの特性についてそれぞれ別のパラグラフで提示し、最後にその共通点と相違点とを比較対照する方法

これら2種類の内、どちらが良いというわけではなく、記述の際に書きやすい方法を選択します。

✧ 比較と対照型小論文のアウトライン A)

1. 序論
   一般
   背景情報
   中継
   論題
2. 本論
   2.1 Aにおける共通点と相違点
   2.2 Bにおける共通点と相違点
   2.3 Cにおける共通点と相違点
3. 結論
   固有
   中継
   一般

✧ 比較と対照型小論文のアウトライン B)

1. 序論
   (アウトライン A)に同じ)

> 2. 本論
>   2.1　Aの特性
>   2.2　Bの特性
>   2.3　ABの比較対象
> 3. 結論
> (アウトラインA)に同じ)

✧　比較対照をするための方法

　この小論文の記述では2つのものを比較します。その際にはベン図(Venn diagram)を用いて考えを整理すると良いでしょう。これは複数の集合の関係やその範囲を視覚的に図式化するものです。

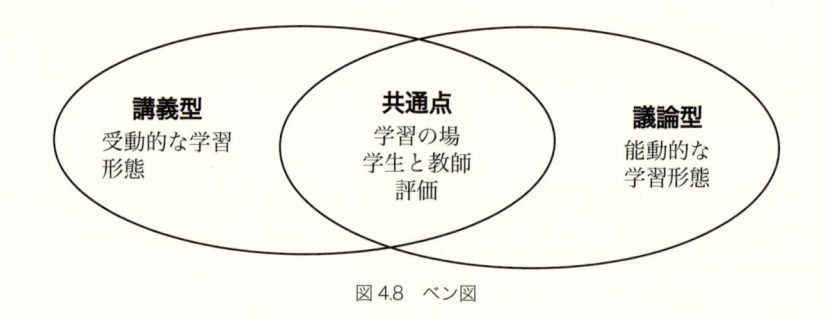

講義型
受動的な学習
形態

共通点
学習の場
学生と教師
評価

議論型
能動的な
学習形態

図4.8　ベン図

　次に示すのは、大学等の授業のあり方について、従来の講義型と欧米式の議論型とを比較対照した小論文です。これは、A)の方法で記述されています。

黙って聴くか・積極的に参加するか　　　　　　　　大学生　K.M.

　講義型か議論型か——日本の授業体系について考えるべき時期が

来た。従来、学校教育で講義型授業を中心に行ってきた日本においても、最近では議論型授業への関心が高まっている。ハーバード大学サンデル教授の授業が日本の教育関係者に与えた影響の大きさは否定できない。講義型の授業は本に書いてあることや学説を、教師が解き明かすものである。一方、議論型の授業は教師が答えを与えるのではなく、学生自身に考えさせることによって、その意味にたどり着かせるものである。授業という体系の中で、教えるという点については、講義型と議論型には共通性があるものの、学習者と教授者、そして評価のあり方には大きな違いがある。

　講義型と議論型の授業には、どちらも学校というしくみの中で教師が教える、という共通点がある。どちらも教授者1名に対し、学習者が複数名いる。また、どちらにもその時々に授業のテーマというものがある。そして学んだことについて試験があり、評価があるという点も、どちらにも共通している。このように、学生にとって学習を意味するという点は、どちらの方法にも共通する。

　その学びのアプローチ方法は、しかしながら講義型と議論型とでは大きく異なる。まず学習者について言えば、講義型の学習者が受動的行動をするのに対し、議論型は能動的行動をする。講義型の教室では、教師の話をノートに取ることが学生の主な作業になる。このような受け身の環境は、授業中の居眠り、携帯電話の操作、携帯ゲームへの熱中、私語などに繋がる。一方、議論型授業の教室は教師と学習者の発言によって成立する。質疑応答が繰り返される中で授業が進行するので、学習者は発言のために、自分の考えを持たなければならない。そのためには自然に相当量の予習の必要性が生じる。

　このように学習者の対応が違えば、当然のことながら教師の対応もまた異なる。講義型は一斉授業なので、教師は自分のペースで一

方的に話せばよい。学習者側から質問が出ることも少ないので、即座に学生に対応する必要もない。すると教師は、あらかじめ準備したことだけを繰り返し話せば済むことになる。これに対し、議論型では教師自身も大量の下調べをし、臨機応変に学習者に対応する必要がある。議論型では、十年一日のごとく、同内容の講義を繰り返すことはあり得ない。

　授業方法が異なれば、当然評価のあり方も異なる。講義型では学期に1回、ないし数回程度のレポートが課される程度である。それは通常返却されないため、問題点が学生に明示されることはない。そのため評価基準は学生にとって不明のままである。対する議論型では、議論内容やそれに対する自分の考えの記述が頻繁に課され、学習者は記述に向けて、議論への参加と講義前後の自習を求められる。その結果として提出した課題には教師による訂正と助言が加えられ、評価の上返却される。これが学習者にとっては次の学びへの糧となる。

　このように講義型と議論型はどちらも学生にとっては授業であり、学びの場である点については共通する。しかしその方法が異なるため、学習者や教師の姿勢、そして評価のあり方までもが変わってくる。学びの上で大切なことは、豊富な知識の単なる記憶ではなく、知識を活用して現実の問題に対処し、利用する術を探ることである。知識をまるごと覚え込むことではなく、テーマについて自らの意見を持ち、複数人で意見を交換した上で融合点を見つけ、問題を解決していく力が、社会に出てから求められる。本当の意味で学習者の能力を引き出し、人間として成長させることのできる議論型授業こそ、日本のこれからの教育にとって有益なスタイルだと言えるだろう。

　次の小論文は、B)の形式で記述されています。記述試験について、本論の第1パラグラフでマークシート形式の試験方法、第2パラグラフ

では論述形式のそれが示されます。さらに第3パラグラフでは、共通点と相違点とが提示されます。記述したのは、当時高校3年生の男子学生で、受験勉強の経験から、記述式の試験問題について考察しています。

記述試験の種類とその差異　　　　　　　　　高校3年生　K.M.

　試験はあることがらについての理解を問う目的で実施される。これには基本的に口述と記述の二種類の試験が存在する。現在の日本で一般的に実施されるのは後者であり、その内容は、マークシート形式と論述形式に大別される。両者は共に記述試験に属しながら、その実施方法、要求される力、採点方式などには大きな相違がある。
　その名称が示すようにマークシート形式は、与えられた多項目の解答群の中から正答の記号を選択し、それが当てはまる枠を塗りつぶす方法である。この形式では一般に比較的容易な設問が大量に出題され、それらを高速で解答する処理能力が重視される。この形式では、あらかじめ複数の解答の中に正答が示されているため、設問に対する単体の知識での対応が可能である。また、正答がわからないときに適当にマークを塗りつぶしても正解する可能性がある。このマークシート形式の解答用紙は、専用のリーダー(機械)によって一括処理される。そのためそこには採点者の主観が入り込む余地はない。
　これに対し論述形式は、与えられた問題に対し自力で答えを導出し、さらにその答えを読み手が理解できるように論理的に提示する。ここで重視されるのは、深い思考力と論証力であり、比較的少ない設問に対し、内容のある解答の記述が求められる。例えば数学であれば、途中式で根拠をもれなく押さえつつ、正答に至る考え方を展開する。あるいは歴史であれば、ある結果に至った原因を、その途

中経過に言及しつつ記述する。この形式で要求されるのは、設問の話題を巡る多角的な深い理解と知識である。採点については、本形式では採点者が答案を一枚一枚採点する。ここでは、採点者の主観を完全に排除することは困難である。つまり、論述形式は採点者による点数変動の可能性を内包する。

　このようにマークシート形式と論述形式は、共に記述試験である点で共通する。両者共に解答に必要なのは、試験用紙と筆記用具である。また、両者はいずれも、あることがらに対する学生の理解を数値化するという目的において一致を見る。そしてその数値は評価対象となり、その高低が学生の学習における理解度を示すことになる。一方で両者の決定的な相違は、前者が多項目選択式で、受験者に求められる作業が基本的にマークの塗りつぶしであるのに対し、後者では受験者が解答を全て自力で記述しなければならない点である。

　マークシート形式と論述形式は、共に記述式の試験でありながら、このようにその試験方法、要求される能力、採点方式などに相違がある。前者で要求されるのは処理能力、一方、後者で要求されるのは本質的理解力と論理的記述力である。試験を行う際には、両者の特性をよく見極め、それぞれの目的に応じて巧みに使い分けることが必須である。

◆　課題4

　次の話題で、比較と対照型小論文を記述しましょう。分量は1000字程度を目指します。

- 2つの都市(例：東京と大阪)
- 高校と大学
- 読了した2冊の本の内容比較
- 自分で決めた自由な話題

［7］小論文の先へ

　言語技術の基礎技術を一通り学習し、パラグラフと小論文の記述が可能になったら、あなたはようやく大学や社会で求められるレポートや論文、企画書等の準備ができたことになります。逆に言えば、それらの基礎知識とスキルなしで、大学以上の段階で求められる記述への対応は不可能なのです。

　本書では、これより先の記述については扱いません。それらについては、様々な書籍が出版されているからです。本書を最後まで学習した方で、その先の文章作成技術が必要な方は、次の書籍類を参考にしてください。いきなりそれらの書籍を読んでも理解できなかった方も、本書をやり終えた後であれば、十分に対応できるはずです。

A) 木下是雄(1994)『レポートの組み立て方』ちくま学芸文庫。
B) 木下是雄(1981)『理科系の作文技術』中公新書。
C) 澤田昭夫(1977)『論文の書き方』講談社学術文庫。
D) 澤田昭夫(1983)『論文のレトリック』講談社学術文庫。
E) 小笠原喜康(2002)『大学生のためのレポート・論文術』講談社現代新書。
F) 戸田山和久(2002)『論文の教室』日本放送出版協会。
G) 河野哲也(2002 第3版)『レポート・論文の書き方入門』慶應義塾大学出版会。
H) 櫻井雅夫(2003 改訂版)『レポート・論文の書き方　上級』慶應義塾大学出版会。

V

理系のための
言語技術

この実験が終わったら、レポートを書かなければ…。理系に進んだのは実験が好きだったからだけど、大学ではむしろレポートに追われているみたい…理系って文系よりも記述する機会が多いんじゃないだろうか……

今実験しながら、私は確かに考えている…でも考えるためには言葉が必要。うまく考えられなければ実験も成功しない——つまり言葉の能力がないと、結局理系で成功できないってことか。言葉の能力には、理系も文系もないんだってこと、理系に進んでみて改めて実感したなあ……

［I］理系にこそ言語技術は必要

　第Ⅴ部では、言語技術が理系の学生にとっても必須の技術であり、大学において学問を身につける際、また、就職後の社会人として生活する際も有用であることを示します。本書ではこれまで、言語技術習得のための具体的な方法について述べてきました。その内容から、文系に必要な言葉の技術として読み進めてきた方が多いかもしれません。しかし、欧米では系統的なカリキュラムに基づき初等教育から言語技術を学習します。そのため、すべての学生が特別に意識することなく、大学進学までにかなりの程度の言語技術を身につけています。このことは、言語技術が大学などの高等教育において、文系理系を問わず必要な技術であることを意味しています。

　さて、日本の社会には、「『理系』は言語操作や文章作成から遠いところに存在する」という一般的な通念があるようです。この本を読んでいる理系学生の皆さんが理系を志望した理由の中に、次のようなものは含まれませんか？

- 国語の読解の授業で、教師が示す正解が論理的に納得できず、国語に苦手意識を持った
- 読書感想文に書くべき内容が思い浮かばず、苦手だった
- 感情を表現する作文が苦手だった

　これに対して、理系科目である数学や理科の教科には、国語にはない論理的な明快さがあり、その方が自分の思考様式に合うと感じ、結果的に理系に進んだ人はいませんか。この感覚は筆者の経験でもあります。論理的な思考をする傾向にある子供達が、国語の授業での経験から、作文や言語表現、あるいは読書に興味を失い、その結果、文章を読んだり

書いたりすることに苦手意識を持ち、最終的に理系に進む——このような人たちが、研究者である著者の周囲には相当数に存在します。

　ところが、国語が苦手で理系を志望したにもかかわらず、大学に進学すると想像以上に文章を書かねばならないという難題に、理系の学生は直面します。理系の学生が文章を記述する機会は、実は文系よりも多いほどです。入学直後の１年生から、講義レポートや実験レポートが課されます。３、４年生になると研究室のゼミや卒業論文の執筆など、まとまった文章を書く機会はさらに増加します。さらに大学院に進学すると、修士や博士の学位論文をはじめ、学会誌論文などを記述する必要があります。また大学院生ともなれば、国内や海外の研究集会や学会などで、自らの研究について発表する機会も出てきます。その場合は、発表内容について聴衆から質疑が発せられ、これについて議論が求められるのが一般的です。その上、こうした発表や議論は、母語の日本語ばかりでなく外国語でも行わなければなりません。このような状況から、言語力を欠く理系研究者・技術者は、本来成り立ちません。

　戦前に教育を受けた著名な科学者には、文才を持ち合わせた方も多くいます。寺田寅彦、湯川秀樹、朝永振一郎、中谷宇吉郎らの著名な物理学者は、学問的な業績とともに珠玉といえるエッセイを記しています。湯川には漢籍の素養があったという事実もあります。これらの理系学者の卓越した文章能力が、「理系の例外」であると捉える視点は誤りです。理系の仕事も、高い言語能力を必要とするからです。そこで、第Ⅴ部では、第Ⅳ部までの内容を踏まえ、理系にとって言語技術を基礎とした言語力が重要であることを具体的に提示します。

［２］理系に必要な言語能力と教育の現状

　理系に必要な言語力は、感覚的なものではなく、具体的で即戦力となる言語技術です。それは、理系技術者や研究者の仕事が、研究・技術開

発・製品開発など、その理論や製品などを最終的に目に見える形で成果として提示することを目的とするからです。

理系の仕事は、職種により多少異なるものの、一般的には次のようなルーティンで進められます：
　①解決あるいは到達すべき目標を設定する
　②目標に到るまでの計画を練る
　③計画を提示して予算を獲得する
　④調査や実験によりデータを収集し、分析する
　⑤目標を達成したかどうか検討する
　⑥成果を論文・報告・技術・製品にまとめる

これらの各段階で必要となる能力は、次に挙げる５つに集約されます：
　①現状を分析し、問題点を抽出する能力
　②問題を解決するための計画を構築する能力
　③計画書・論文等の文章を作成する能力
　④データを分析し理解する能力
　⑤結論を導き出す論理的思考力

いずれの段階でも高度な言語能力が求められ、それ無しに仕事を進めることはできません。従って、理系に進学するのであれば、社会に出る前のなるべく早い段階で、仕事に必要な言葉の能力を獲得しておくことが必要です。

これらの能力は、技術者に必要とされる万国共通の能力でもあります。例えば、大学における技術者教育プログラムが国際基準に達しているかどうかを認定する日本技術者教育認定機構（JABEE）という権威ある機関は、「国際的に通用する技術者に求められる知識・能力」[1]として、次

の (1) 〜 (9) を定義しています。

(1) 地球的視点から多面的に物事を考える能力とその素養、すなわち、人類の様々な文化、社会と自然に関する知識とそれに基づいて適切に行動する能力
(2) 技術が社会および自然に及ぼす影響・効果に関する理解力や責任など、技術者として社会に対する責任を自覚する能力(技術者倫理)
(3) 数学、自然科学及び情報機器利用技術に関する知識とそれらを応用できる能力
(4) 該当する分野の科学技術に関する系統的知識とそれらを応用する能力
(5) 種々の科学、技術及び情報を利用して社会の要求を解決するためのデザイン能力、すなわち、解決すべき問題を発見する能力、公共の福祉、環境保全、経済性などの考慮すべき制約条件を特定できる能力、解決すべき課題を論理的に特定、整理、調査できる能力、課題の解決に必要な数学、自然科学、該当する分野の科学技術に関する系統的知識を適用し解決に向けた具体的な方針を立案する能力、立案した方針に従って実際に問題を解決する能力
(6) 日本語による論理的な記述力、口頭発表力、討議等のコミュニケーション能力および国際的に通用するコミュニケーション基礎能力
(7) 自主的、継続的に学習する能力、すなわち、将来にわたり技術者として活躍していくための生涯学習の必要性の理解、必要な情報や知識を獲得する能力
(8) 与えられた制約の下で計画的に仕事を進め、まとめる能力、すなわち、時間、費用を含む与えられた制約下で計画的に仕事を進める能力、計画の進捗を把握し必要に応じて計画を修正する能力
(9) チームで仕事をするための能力、すなわち、他者と協調・協働する

際に自己のなすべき行動を的確に判断し実行する能力、他者と協調・協働する際に他者の行動を判断し適切に働きかける能力

　この９つの能力の中に、外国語の能力が含まれていないことは非常に特徴的です。これらの国際的に通用する技術者に必要な能力のほぼすべてが、母語をベースとする言語運用についての能力です。また、(5)、(6)はまさに言語技術で獲得する能力であり、(1)、(9)は言語技術に基づく能力であると言えます。この能力は技術者ばかりでなく、研究者にも必要であるのは言うまでもありません。従って、国際的に通用する研究者・技術者になるには、203ページで挙げた５つの能力を教育過程で獲得する必要があるのです。しかもそれを母語で身につけることが、様々な分野で有用な人材として働いていくために不可欠なのです。

　日本の母語教育ではしかしながら、将来の科学者や技術者に必要不可欠な言語能力を発達させる以前に、多くの人が母語の鍛錬に興味を失い、大事な能力の獲得機会を失います。それは例えば、「自分の心情を率直に原稿用紙に綴る」ことを要求されたり、与えられた情報を分析的に論理的に考察することもなく、「主人公の心情を感傷的に理解する」ことを求められたりすることがきっかけとなります。こうした母語教育の中で育った日本の研究者・技術者は、海外との競争にさらされる研究・技術開発において、はじめから相当な、時には致命的とも言えるようなハンディを負うことになります。「第Ⅰ部グローバル社会に生きるために不可欠な「言語技術」」の指摘にあるように、競争相手の多くの国々では、理系文系を問わず言語技術が必須の基本的母語教育として実施されているからです。こうした国々では、論理的思考力、分析力、問題解決力などが、研究者や技術者の必須の能力と考えられているのです。

　このハンディを克服するために、日本では多くの研究者や技術者が、個人的に様々なマニュアルなどの書物を求め、試行錯誤を重ねています。

体系立てた言葉の教育を受けられないことから、個人が多くの時間と資源をその獲得に費やさねばならず、経験と失敗を繰り返さねばなりません。彼らが、真の意味で国際的な競争力を持つためには、その母語教育を欧米と同様の言語技術に切り替え、将来科学者、あるいは技術者として持つべき能力を育成する必要があります。日本の現状では、論理的思考力、分析力、問題解決力の育成は、国語ではなく、数学や理科などの理系教科が担っている状況です。しかし、理系教科で論理的思考力、分析力を体得することはできても、その思考を文章に置き換える方法は理系教科では獲得できません。ここに国語で言語技術教育を実施することの重要性があります。

［3］理系に必要な言語技術

　一般に理系の学生は国語を苦手とすることが多いにもかかわらず、彼らが卒業後従事することが多い研究や技術開発・製品開発・製造では、言語力は必要不可欠です。ここでは特に研究者・技術者の活動を例にとり、言語技術の必要性を具体的に提示します。

　研究・開発のタイプは大きく分類すると、新規事実の発見、新たな理論の提案、仮説の証明、新技術・新製品等の技術開発に分けられます。いずれの研究・開発も、個人が単独で実施することはまれで、複数の研究者・技術者の協力・協働のもとに、プロジェクトの形態で実施されることが一般的です。そのため、従事者間のコミュニケーションと議論はすべての段階において必要不可欠です。つまり、言葉を介在しないと仕事を進行させることはできません。従って、第Ⅱ部の「1．対話」の技術は、すべての過程において必須となります。プロジェクト実施の各段階で、その指導者やグループ内の研究者が活発な議論を行って失敗を最小限とし、完成度を高めていく必要があるからです。また、この対話・議論の段階で、第Ⅲ部の「クリティカル・リーディング」も不可欠です。対象を

分析的、多角的、論理的、批判的に検討しなければ、議論は生まれようがありません。さらに、研究・開発の段階では、第IV部で提示した「作文」の技術が必要となります。これらの段階では、記録や説明、論文の執筆などが必須となるからです。

　理系に必要な言語技術をまとめると、表5.1のようになります。表が示すように、本書で触れたほとんどの技術が各段階で必要となるのが明白です。

表5.1　理系研究者・技術者の業務と必要な言語技術

研究・開発のプロセス	必要な言語技術
仮説・モデルの導出、達成すべき目標の明確化	《1》《3》《4》《6》《8》《9》《10》
実験・開発計画の策定	《1》《3》《4》《6》《8》
研究・開発費獲得のための計画書の作成	《1》《2》《3》《4》《5》《6》《9》《10》
実験・観測・調査の記録、データ解析・分析	《1》《6》《7》《8》
仮説・モデルの証明確認、設定目標達成の確認	《1》《2》《3》《5》《7》《8》
論文・報告書の作成	《1》《2》《3》《4》《5》《6》《9》《10》

《1》第Ⅱ部　　1. 対話
《2》同　　　　2. 物語
《3》同　　　　3. 要約
《4》同　　　　4. 説明
《5》同　　　　5. 報告
《6》同　　　　6. 記録
《7》第Ⅲ部　　1. 絵の分析
《8》同　　　　2. テクストの分析と解釈・批判（クリティカル・リーディング）
《9》第IV部　　2. パラグラフ
《10》同　　　 3. 小論文

以下に、表5.1での分類に基づき、言語技術がどのように用いられるかについて、具体的に説明します。

❶──仮説・モデルの導出、達成すべき目標の明確化

　最初に行うことは、独自の新たなモデル(仮説・製品・技術・理論)を組み立てることです。これには自身の研究・開発における経験の積み重ねや、直感的なひらめきが大きな要素となります。個人の資質によるところが多い部分でもあります。この段階では、ひらめきを言葉で書き留めておく必要があります。ここで、「《3》要約；《4》説明；《6》記録；《9》パラグラフ；《10》小論文」の技術などが有用になります。つまり、頭の中にあるアイディアを実体のあるものへと明確化する作業に、アイディアの言語化という過程が必要です。後に大きな成果を生み出すためにも、この新たなモデルを言葉によって明確にすることは、避けて通れない作業です。

　次に、研究・開発の目的、背景を明確にした後、先行する研究・開発例を参照しながら、モデルが新しく有用であることを確認します。当事者としてこれを認識していないと、よいアイディアであってもプロジェクトの成功は見込めません。この時に有用なのがグループ内での議論です(《1》対話；《8》テクストの分析と解釈・批判)。なぜなら、分析に基づく議論を積み重ねることによって達成目標を先鋭化させることができるからです。この段階ではまた、「《3》要約」の技術も不可欠です。新たなモデルを導出するためには、近い分野の研究・開発について常に学会誌や業界紙等をチェックし、重要と思われる事項について整理しておく(レビューと言います)必要があるからです。学会誌などに掲載される膨大な論文や報告から精読すべきものを選び出すには、タイトルと要旨から大まかな内容を知り、読む価値の有無を判断します。この時、膨大な情報の中から「《9》パラグラフ」の構造により重要点を抽出し、それらを意

味のある文脈として捉える要約力は不可欠です。参照する文献が、パラグラフの構造のルールに従って記述してあれば、速読と内容の要約が容易になります。

❷――実験・開発計画の策定

　実験・開発計画の策定では、既存の事実、理論、製品などから、提案する新たなモデル(製品・技術・理論)に至るまでの道筋、過程を明らかにします。この過程は、通常複数の段階に分けることが出来るので、各段階において解明・解決すべき命題を整理した上で、モデルが正しいかどうかの論証や、開発に至るまでに必要な実験・観測や技術開発に関する計画をたてます。

　この段階では、「《8》テクストの分析と解釈・批判(クリティカル・リーディング)」の技術を駆使することになります。計画を立てた後に、批判的、つまりクリティカルにその計画を検討し、抜け落ちがないか、論理的な齟齬がないかを確認する必要があるからです。多くの人間が、それぞれ異なった視点から対象を多角的に点検すると、抜け落ちや齟齬を見つけやすいという利点があるため、この過程をグループで行うことは効果的です。これにはグループでの「《1》対話」の技術、発言のための「《3》要約」と「《4》説明」の技術、記録のための「《6》記録」の技術が有効です。

❸――研究・開発費獲得のための計画書の作成

　研究・開発を行うためには、必要となる機材の調達、人員の雇用等のための資金を確保しなければなりません。研究者・開発責任者は、この研究・開発資金を獲得するために、研究・開発計画を記した計画書を、資金を提供してくれる部署や団体に提出し、採択される必要があります。従って、いかに優れた計画書を書けるか(《3》要約；《5》報告；《6》記録)、また、その計画書に基づいたわかりやすいプレゼンテーション(《2》物語

＋《4》説明）を行えるかが、研究者・開発責任者にとって死活問題となります。また、計画を立てる段階ではグループ内での事前打ち合わせや意思統一も必須となることから、「《1》対話」の技術も有効となります。

　計画書に記す主な項目には、目的、方法、準備状況、これまでの成果、業績、要求する経費、その内訳と妥当性・必要性などがあります。この計画書を説得力のあるものにするために必要なのが、文章の構造についての知識です。例えば、「《4》説明」における「空間配列」のルールに従い、「概要から詳細へ」、「大枠から細部へ」の順序で記述すること、「《9》パラグラフ」におけるトピック・センテンス、サポーティング・センテンス、コンクルーディング・センテンスの構造に則ること、さらには「《10》小論文」の構成をもって計画書の全体を記述すること──これらの知識なしに資金を得る可能性は極めて低いと言えます。説明のルールやパラグラフの構造は人間の認知方法に則っており、これらのルールに従っての発信は、受け手の理解を得やすくなります。読み解きに時間のかかる計画書より、頭に速やかに入ってくる計画書の方が採択されやすいことは明らかです。

❹──実験・観測・調査の記録、データ解析・分析

　実験・観測・調査では、データの収集・記録が欠かせません。このとき必要となるのが、「《6》記録」に示した事実の記載方法です。この段階での記録は、単に思いついたことをメモするのではなく、経過が明瞭に把握できるようにします。特に実験の場合には、後に再現できるよう、わかりやすく記録する必要があります。現在では、特許等でのトラブルに備え、毎日の仕事内容をノートに記録することを義務づける職場が大半となりました。このような記録は証拠資料となり、自らの権利を守ることに繋がることから、事実を明快に記述することが求められます。

　収集したデータの解釈には、「《7》絵の分析」や「《8》テキストの分析と

解釈・批判」が利用できます。収集した数値のデータはグラフや表にまとめるのが一般的です。例えば、グラフに示された情報から統計解析等で法則性を見つけ出したり、グラフの中から特異な現象を見いだしたりすることができます。その際、同じデータでも視点やグラフの軸を変化させることにより現象を明確化できることがあります。「《7》絵の分析」で用いる多角的な視点は、データ分析には非常に有効であると言えます。

❺——仮説・モデルの証明確認、設定目標達成の確認

　この段階では、前項で示したデータ解析・分析により、初めに設定した目標が達成されたかどうかを確認します。当初の目的が達成されていれば、研究・開発は実質的に終了となります。その前に、再度「《7》絵の分析」や、「《8》テクストの分析と解釈・批判」技術を用いて、モデルの論証、技術や製品の品質規格が万全であるかの検証を注意深く行う作業が必要です。もし、設定した目標が達成されていなければ、再び「❹　実験・観測・調査の記録、データ解析・分析」に戻り、再度データの収集・分析を行うこととなります。さらに、計画の不備が判明すれば、「❷　実験・開発計画の策定」の修正を行う必要も出てきます。場合によっては、「❶　仮説・モデルの導出、達成すべき目標の明確化」まで戻ることもありえますし、最悪の場合には、プロジェクトが中止に追い込まれることもあります。

　複数の人員によるプロジェクトの場合には、これらの結論に至る過程を会議に諮るのが一般的です。その時には、実施した実験等の結果を「《3》要約」の技術を用いてとりまとめ、プロジェクト・リーダーが会議に報告(《5》報告)や、プレゼンテーション(《2》物語＋《4》説明)を行うことになります。

❻──論文・報告書の作成

　研究・開発課題が終了した段階で、研究の場合には論文にまとめて学会誌等に投稿して公表したり、開発の場合には報告書にまとめたりします。これらは研究・開発の集大成であり、特に研究の場合には、製品開発の「製品」に相当する重要な成果でもあります。開発の報告は、プロジェクトの記録であり、次のプロジェクトへの参考資料となったり、これをベースに新たなプロジェクトへの発展に繋がったりすることもあります。製品開発に至る過程が明快に記されている報告書は、後輩の教育にも活用でき、良い教材となります。

　論文・報告の様式は、次のような構成が一般的です。

1　表題
2　著者(実施者)と所属
3　要旨
4　はじめに
5　方法
6　結果
7　考察
8　おわりに
9　引用文献

　この構成のうち「4 はじめに」から「8 おわりに」は、「第Ⅳ部 3. 小論文」で示した小論文の構造と一致します。「4 はじめに」が「序論」に、「5 方法、6 結果、7 考察」が「本論」に、「8 おわりに」が「結論」にそれぞれ相当します。研究分野により、本論の 6、7 を併せて「結果と考察」とする場合など多少項目に違いはあります。しかし、論文・報告書における序論、本論、結論の基本構造は、小論文とほぼ同じです。前掲の「4 はじめに」か

ら「8 おわりに」までの各部分が、「《4》説明」のルールにおける空間配列、すなわち「概要から詳細へ」、「大枠から細部へ」との順序で、「《9》パラグラフ」におけるトピック・センテンス、サポーティング・センテンス、コンクルーディング・センテンスの構造に則って記述することは言うまでもありません。

序論と本論にあたる4から8の前に置かれる「3 要旨」は、文字通り、「第Ⅱ部3.要約」の技術を用いることになります。この「要旨」は、自分の研究論文などをより多くの研究者・技術者に読んでもらうためにもその質が重要です。

以上のように、理系の論文・報告は、必ずしも理系独自の様式で記述されるわけではありません。本書で示した小論文の構成を国語教育の中で教育され、その書き方の基本がその過程で指導されていれば、理系の論文・報告書作成そのものは決して難しいものではなく、その応用に過ぎません。また、この構成は外国語で記述する際も全く同じです。

この項で述べたように、理系で用いる言語技術の要素は、前章までで扱った「言語技術の基本」とも言うべき諸技術と全く同じなのです。したがって、言語技術の基本をできるだけ早い段階で身につけることが肝要となります。それを身につけさえすれば、理系の研究者・技術者として社会に出ても何ら恐れることはありません。

［4］理系が抱える言語の問題点

理系に言語技術は必須です。それは日々の研究や技術開発に言葉の介在が不可欠だからです。しかし、現在の日本の理系研究者や技術者はその教育課程の中で言語技術の教育を受けていません。このことから派生してさらに別の問題が現場では発生しています。

近年では職場内で英語に関する研修を充実させる機関が増えています。とくに、英語での論文記述が多くの分野で標準になっていること、日本

からの情報発信が少ないこと、英文の記述や英会話を苦手とする研究者が多いこと等がその背景にあります。

著者の所属する研究所でもこのような状況を背景として研修が実施されたことがあり、研究者にとって大きな問題が明らかになりました。それは若手から中堅の研究員を対象に、アメリカ人の研究者を講師として行った「英語論文の書き方講習」でのことでした。その内容は、講習参加者が自分のテーマに基づき収集したデータから英文の論文を仕上げていくという実践的な講習で、参加者には非常に好評でした。この講習終了時に、講師よりいくつかの講評があり、その中に著者の印象に残る指摘がありました。それは、講習参加者に共通してみられた次の2点でした。

1. 「英語へ翻訳する能力の不足」は克服できるレベルにある。
2. 問題点は、「研究戦略の不足、分析・論証の不足、思考を言語に置き換える表現能力の不足」である。

これらの指摘は、「問題は、英語への翻訳能力にあるのではなく、母語能力の不足にある」と同義です。これまで日本から外国への情報発信が少ない理由は、日本語と欧米語の言語的相違から日本人の外国語を操る能力が低いため、と日本では一般的に考えられてきました。そのため研究所でも研究員に対し英語論文の書き方に関する講習を行ったわけです。しかしながら、講師の指摘は、日本人研究者が抱えている問題は英語ではなく、むしろその根底にある母語の問題だというものでした。このアメリカ人研究者は理系の研究者で、英語を教えることが専門ではありません。彼女は、母語教育の中で、明晰に話し、書くことを学び、その上で理系の研究者として仕事をしています。英語を専門に教える教師であれば、講習参加者の英語の能力不足として見過ごしてしまったかもしれない母語に起因する本質的な問題点を、研究者であったために彼女

は見いだせたのだと著者は考えています。

　アメリカ人研究者の指摘は、日本人研究者に言語運用術が共通して不足しているという、本質をついたものです。その指摘の通り、問題の本質は、日本語と英語の言語的特性が異なる点にあるのではなく、日本人研究者の言語運用術のまずさと、それに帰因する思考力・分析力・理解力の不足、問題解決力の不足にあります。これらはおそらく、日本で言語技術教育が行われていないという事実に由来しています。

　戦略・分析・論証・表現の各能力の不足は、この研究所の研究者に限った話ではなく、日本の多くの分野の抱える問題点に通じます。理系・文系を問わず、日本人共通の問題点と言ってもよいでしょう。現在の日本が閉塞状況にある原因のいくばくかは、日本の母語教育に内在する不備にあると、著者には思えてなりません。

　戦略・分析・論証・表現の各能力の不足は、日本語の特殊性や曖昧さに由来するという指摘があります。しかし、この指摘は誤りです。なぜなら、日本語は、法律が記述でき、裁判ができるほどの論理性を持った言語だからです。従って、日本語自体が曖昧なのではなく、それを用いる人間の言語運用術の低さが、これらの各能力の不足を生み出しているのです。

　言葉の運用術である言語技術は、理系文系を問わず、必須な技術です。本書に提示した言語技術は、ほとんどそのまま理系の仕事や文章作成にも適用でき、それがなければ理系の仕事は成り立ちません。本書を手にした理系の方々は、再度そのような意識を持って本書を読み直してみて下さい。将来の仕事に言語技術がどのように繋がっていくかがきっと見えてくることでしょう。

【注】
1) 長島昭(2010)「大学の国際化と技術者教育認定　特集"何ができれば学士と言えるか？―分野別の質保証"」,『大学時報』, No.332, 32-37 ページ。

あとがきにかえて

カルメン・オンドサバル

　三森ゆりかさんの著書にあとがきを寄せることは、私にとって大きな喜びです。それは、彼女が私にとっての大事な友人であると共に、今の日本の言語教育の状況にこの本が有効な手段になることを、私が確信しているからです。

　この世界は、印刷されている「言葉」(本、雑誌、新聞など)とデジタル化されている「言葉」(インターネット)などの「書き言葉」に支配されています。このことは、私たちがこの世界に積極的に参加するためには、母語で「書くこと」「読むこと」の技術を十分に取得する必要があることを意味します。「国語」、つまり母語教育は、一つの教科としての枠を超えて、学校で学習する他のあらゆる科目を習得するための大切な道具です。母語を使いこなすための知識とスキル、すなわち「言語技術」を身につけることは、直接私たちの社会的、および職業的な将来に影響を与えます。

　私はこれまで長年にわたって様々な国で生活し、私自身や息子達を通して、それらの国々の母語教育のあり方を直接目にしてきました。私自身は、スペイン、タラゴナのトルトサ出身で、母国で教育を受けました。私は日本人と結婚し、息子達はスペイン、英国、日本、デンマーク、そしてアルゼンチンで教育を受けました。その際、日本以外の国々の教育カリキュラムには、いずれも言語技術が導入されていました。ところが、日本の教育カリキュラムにそれが入っていないこと気づき、私は愕然としました。

　また日本の義務教育の国語の授業に、本当の意味での文学の授業がないことも、私にとっては衝撃的でした。母国の伝統的な文学作品を丸ごと一冊読み、それについて分析的、批判的に議論することは、私が経験した様々な国の教育では当然のことでした。これらは、自国の文化を深

く考えることに通じますし、論理的な思考や深い人間としての感情を育成するためにも不可欠だからです。私にとって当たり前だった文学作品の分析と、その後に自分の考えを作文(小論文)にまとめる作業が、日本では数ページの作品の読解と、穴埋めテストで終了すると知ったときの私の衝撃は、言葉では語り尽くせないほどでした。

　私にとっての母語教育とは、まさに言語技術の教育です。その取得の過程には4つの能動的な面があります。それは、聞いて理解する、考えたことを発言する、書いてあることを理解する、自分の考えを文字化して記述することです。他の能動的活動、例えばピアノを弾くことと同様に、言葉の能動的活動を可能にするには、長年にわたる訓練が必要です。それは知識とスキル、そして練習の組み合わせのプロセスによって組み立てられるものです。この世の中では、皆が優れたピアニストになる必要は確かにありません。けれども、誰もが有効な言語技術を身につける必要はあります。自分の知識を伝えるため、仕事を展開させるため、あるいは、他者に自分の気持ちやアイディアを伝えるためには、それが不可欠だからです。

　私たちのコミュニケーションレベルは、習得した言語技術のレベルの影響を受けます。母語教育として優れた言語技術を習得すれば、論理的な思考力が有効に育成され、それは一人の人間として社会で生活する上で非常に役立ちます。言葉の技術を獲得することで自尊心が生まれ、他者との良いコミュニケーションが可能になるからです。大学で専門的な学問を理解して社会で活用するため、活動的な市民として批判的思考(クリティカル・シンキング)を用いて自分の権利と義務を認識するため、または確かな分析力と創造的思考で社会が求める商品や製品を生み出すため、あるいは最終的に一人の人間として社会の発展に寄与できるようになるため、こうしたことのために言語技術は必要不可欠です。本書を通して読者の皆さんが、言葉を自在に運用できるようになれば幸いです。

(つくば言語技術教育研究所元講師)

参考文献

三森ゆりか(1996)『言語技術の体系と指導内容　言語技術実践シリーズ1』／『「視点を変える」訓練で力をつける　言語技術実践シリーズ2』／『「描写文」の訓練で力をつける　言語技術実践シリーズ3』、明治図書出版。

＿＿＿＿(2002)『論理的に考える力を引き出す』／『絵本で育てる情報分析力』、一声社。

＿＿＿＿(2003)『外国語を身につけるための日本語レッスン』、白水社。

＿＿＿＿(2006)『外国語で発想するための日本語レッスン』、白水社。

Dr. Reitmayer, Valentin (1994) *Deutscher Aufsatz Jahrgangsstufe 7*, Manz Verlag München.

＿＿＿＿(1993) *Deutscher Aufsatz Jahrgangsstufe 8*, Manz Verlag München.

＿＿＿＿(1992) *Deutscher Aufsatz Jahrgangsstufe 9*, Manz Verlag München.

＿＿＿＿(1996) *Deutscher Aufsatz Jahrgangsstufe 10*, Manz Verlag München.

＿＿＿＿(1992) *Deutscher Aufsatz Jahrgangsstufe 11*, Manz Verlag München.

＿＿＿＿(1991) *Deutscher Aufsatz Jahrgangsstufe 12/13*, Manz Verlag München.

Kabisch, Eva-Maria (1990) *Aufsatz 7/8 Kurzgefasst／Aufsatz 9/10 Kurzgefasst*, Ernst Klett Schulbuckverlag.

Frommer, Harald, Erhard Schlutz, Worfgang Schulte and Fritz Winterling (1985) *Erörterung wiederholen und üeben*, Ernst Klett Schulbuckverlag.

Eggerer, Wilhelm and Heinz Pröstler (1996) *die Erörterung*, Manz Verlag München.

Stadler, Hermann (1992) *Texte und Methoden 11 Lehr-und Arbeitsbuch Deutsch*, Cornelsen.

Stanford University Continuing Study Program, 2005-2008

Banchard, Karen and Christine Root (2003) *Ready to Write*, Longman.

———— (2004) *Ready to Write More*, Longman.

Savage, Alice and Masoud Shafiei (2007) *Effective Academic Writing 1 The Paragraph*, Oxford.

Savage, Alice and Patricia Mayer (2005) *Effective Academic Writing 2 The Short Essay*, Oxford.

Davis, Jason and Rhonda Liss (2006) *Effective Academic Writing 3 The Essay*, Oxford.

Ruetten, Mary K. (2003) *Developing Composition Skills Rhetoric and Grammar*, Thomson Heinle.

解 答 例

第Ⅱ部　スキル・トレーニング
1. 対話

❶ センター試験
(a)　問題の指摘
➤ 問いに対して答えが噛み合っていない
➤ センター試験に対して賛成かどうかを問われているのに、それに対して明確に立場を示していない
➤ センター試験についてどう考えているのか、答えが矛盾していて判然としない

(b)　対話の続き
➤ 本当に、1月半ば頃ってインフルエンザが猛威をふるうよね。別室受験ができるといったって、高熱が出ていたら無理だしね。
➤ 記述は大変だよね。そのためにぼくなんかわざわざ塾に行ってるくらいだからね。
➤ そうそう、あの小さな四角いマス目をきれいに塗りつぶすのってけっこう難しくって、気を遣うよね。

(c)　噛み合った対話
➤ 私はセンター試験に賛成です。その試験によって、コンピュータですばやく簡単に生徒の学力を客観的に測ることができるからです。これが記述だと、受験者がすごく多いので、結果が出るまでに最短でも1ヶ月くらいはかかるでしょう。学力を簡単に測定できるという意味で、センター試験は効果的です。
➤ 僕はセンター試験には反対です。センター試験は単に知識量を計る試験です。

要領よく知識を詰め込める人にとっては、センター試験は楽です。しかし、暗記は苦手だけどじっくり考えるのは得意、という生徒にとっては、センター試験は不向きです。このような生徒が、知識量の有無を問われる試験によって本当の実力を発揮できないまま大学を門前払いされるのは、その大学にとっても不利益です。そのため僕はセンター試験は廃止すべきという立場です。

❷　足の痛み
(a)　疑問点の指摘
➢　「筋肉の炎症」とはどのような炎症なのか？
➢　「あまり痛いとあれ」とはどのような状態になるのか？
➢　「あれ」とは何を指すのか？
➢　鍼を打つとどのような効果があるのか？
➢　「痛みとかが出てもあれ」とはどういうことなのか？
➢　「痛みとか」とは、痛みの他に何か別のものが出るのか？
➢　「どうですか？」とは、鍼を打つかどうか決断しろということか？　それとも、「痛みとか」にどう対処するつもりか、ということか？

(b)　「あれ」の中身
b-1：辛い・苦しい・大変・厄介・苦痛・気分が悪い　他
b-2：困る・医者探しに苦労する・辛い・苦しい・大変　他

(c)　自分が注意すること
➢　曖昧な言葉を使わない。複数の意味が入る言葉を入れない
➢　「あれ」を用いない

❸　どうですか？
(a)　解答例省略
(b)　「どうですか？」という問いの問題
➢　何を質問しているのかが曖昧なため、適当に答えるしかない

> 質問が曖昧なため、自由に答えられる

❹ 忘れ物
(a) 問題の指摘
> 1人称の主語が入っていない
> 「この間出かけたとき」はどこへ出かけたのか？ 一緒に行かないかと誘われる以上、行き先は必要
> 特に、「その日は(何が？ 誰が？)ビミョーだから、(私が)別の日を提案したら、(彼女が)大丈夫ってことで、(私と彼女は)行くことにしたのよ」では、複数の主語が絡まっているのに一つも入っていない
> 「ビミョー」とは何を意味するのか？ 都合が悪いということ？

課題1　解答例省略

課題2

東京[1]へ出るとき[2]、父が、特別な1冊[3]の本をくれた。本を渡しながら、「読みたいときに読むといいよ。」と言って[4]、微笑んだ[5]。今でもその表情を覚えている[6]。迷ったとき[7]に読んでみて[8]、実際に大いに[9]役立った。次に[10]引越しをした[11]ときにも、荷物と共に[12]運んだ[13]。本は、節目で様々なこと[14]を暗示してくれた。残念なことに、3度目[15]の引越し[16]で本をなくしてしまった[17]。でも未だにあの素晴らしい本と、それをくれた時の父の表情[18]を記憶しており、思い出すと胸が暖かくなる[19]。	1)いつ？　2)誰が？ 3)どんな本？　題名は？ 4)誰が？　5)どのように？ 6)誰が？　7)どんな迷い？ 8)誰が？　9)どのように？ 10)いつ？　11)どこへ？ 12)何を？　13)誰が？ 14)どんなこと？ 15)いつ？　16)どこへ？ 17)誰が？　18)どんな？ 19)誰が？

課題3
① 「南北に細長い島国である日本」＝事実
　　「国土は狭い」＝意見

② 「アルバート・アインシュタインは、相対性理論を唱えた」＝事実
「天才科学者である」＝意見
③ 「サッカーのチームは11名で構成され、ゴールキーパー1名、フィールドプレヤー10名である」＝事実
④ 「野球はおもしろい」＝意見
「2月14日号のA雑誌のインタビューで星選手が答えている」＝実際にその記事がA雑誌に掲載されていると仮定すれば、この部分は事実
⑤ 「カズオ・イシグロの『私を離さないで』は、臓器移植のためのクローン人間が物語の中心に据えられ」＝同書の語り手はクローン人間なので、この点は事実
「人間の倫理観を世に問うている」＝意見
⑥ 「伊藤博文は日本の初代内閣総理大臣」＝事実
「現代に至るまで高い評価を受けている」＝意見
「政治家である」＝事実
⑦ 「漢字、平仮名、片仮名と3種類の文字がある」＝事実
「日本語を複雑化している」＝意見
⑧ 「古くから世界で愛されてきた」＝意見
「バラの現在の品種の大半は、世界各地の野生種を人為的に掛け合わせることにより生み出されたもの」＝事実

2. 物語

課題1：桃太郎1

物語の構造	文	理由
冒頭	嫗(おうな)が川で拾った桃から赤ん坊が生まれ、桃太郎と名付けられる。	桃太郎の環境設定と桃太郎の紹介
冒頭	大食漢の桃太郎はあっという間に大きくなる。	桃太郎の紹介
発端	鬼ヶ島の鬼が村の人々から金目の物を略奪する。	敵の登場 問題の発生

山場の始まり	桃太郎が鬼退治を決意し、吉備団子を携帯し、鬼退治の旅に出る。	桃太郎が問題解決開始
山場1	犬が吉備団子と引き替えに桃太郎の子分になる。	山場の最初の事件
山場2	猿が吉備団子と引き替えに桃太郎の子分になる。	山場の2番目の事件
山場3	雉が吉備団子と引き替えに桃太郎の子分になる。	山場の3番目の事件
山場	桃太郎の一行が鬼ヶ島に到着し、鬼と戦う。	山場の最終。桃太郎と鬼の戦い―未決
クライマックス	桃太郎が鬼に勝利し、鬼の大将が桃太郎に宝物を差し出す。	桃太郎が問題の鬼を克服
結末	桃太郎は故郷に帰り、安楽に暮らす。	問題解決

課題2：桃太郎2

動物	武器	戦いの場
犬	走る・飛びつく・吠える・噛みつく 四足歩行	地上
猿	走る・飛びつく・吠える・噛みつく 手を使う・投げる・ぶら下がる・木に登る 飛び移る・二足歩行可能	地上・樹上
雉	走る・飛ぶ・突く	地上・空中

➤ 犬、猿、雉の順序で子分に出会うことにより、桃太郎にとっての武器が充実していく。また、桃太郎にとっての戦いの範囲が広がっていく。

犬は地上を走り、飛びついたり、吠えて噛みついたりすることはできる。そこに猿が加わると、猿は手を使って物を投げたり、高いところにぶら下がったりできる。さらに木に登り(あるいは高いところに昇り)、木から木へと飛び移ることも可能である。ここに雉が加わると、空中からの偵察や、空中からの攻撃が可能になる。

➤ もし動物が、雉、犬、猿の順に並ぶと、その武器と戦いの場の構成は、次の図のようになる。

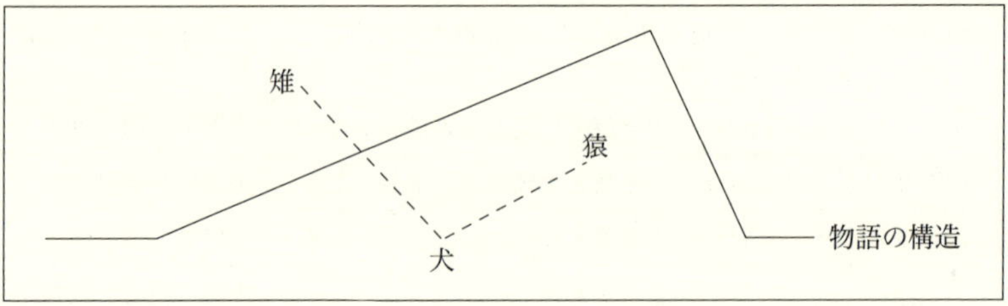

動物の順序が変更されることにより、点線が示したイメージのように、動物の武器と戦いの場が上昇せず、高いところから低いところに下がり、また半ばまで上がる、というような線のイメージができあがる。

課題3：桃太郎3

嫗が川で拾った桃から赤ん坊が生まれ、桃太郎と名付けられる。大食漢の彼はあっという間に大きくなる。その頃鬼ヶ島の鬼が村の人々から金目の物を略奪する。そこで桃太郎は鬼退治を決意し、吉備団子を携帯し、旅に出る。旅の途上、犬と猿、雉が団子と引き替えに子分になる。鬼ヶ島に到着した一行は鬼と戦い、鬼は降伏して桃太郎に宝物を差し出す。故郷に戻った桃太郎は以後安楽に暮らす。(178字)

課題4：走れメロス1

「走れメロス」では、メロスのことが何も説明されないままに「メロスは激怒した」と、何らかの対象(敵)に対する主人公の行動から物語が始まる。メロスの紹介を書いた冒頭がなく、いきなり事件が始まっている、という意味で、冒頭と発端が倒置されている。

課題5：走れメロス2

① 川の氾濫

② 山賊

③ 疲労困憊(メロス自身の精神的ダメージ)

課題6：走れメロス3

　疲労困憊の極地から精神力で立ち直り、友人との約束を果たすためにシラクスの広場に急ぐメロスに反して太陽はどんどん沈んで行き、太陽が沈む一瞬前にメロスは到着する。太陽の位置が下がるに従い物語はクライマックスに向かって盛り上がり、太陽が沈む瞬間にクライマックスを迎える。沈んで行く太陽の位置が物語の漸増に有効な効果を与えている。

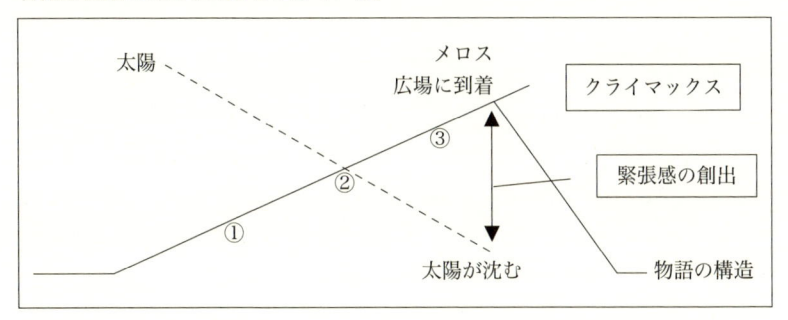

（図：太陽の位置が下降する点線と、物語の構造を示す実線のグラフ。①②③の段階を経て「メロス 広場に到着」でクライマックスを迎え、「太陽が沈む」瞬間との間に「緊張感の創出」が示される。）

課題7：視点
（以下の解答例は、必要な点だけを用いて簡単に記述しています。）
① 男の子の視点
　今朝起きて外に出てみると、僕が昨日お父さんと一緒に作ったロボットがバラバラになって地面の上に転がっていた。『いったいだれが壊したの！　ひどいよ！』と思いながら、壊れたロボットの前で僕が怒って泣いていると、お父さんも窓から身を乗り出して、
「ひどいな。」
とうなった。
　お父さんと僕は、ロボットを壊した犯人を懲らしめようと、壊れたロボットをすっかり片付けた。お父さんがすごくいいことを考えたんだ。さすが僕のお父さん。それからお父さんは、缶や箱で全身を覆ってロボットの振りをし、昨日ロボットがあった場所に立ち、犯人が通りかかるのを待った。お父さんの姿は本当にロボットそっくりだ。
　僕が窓の影に隠れて外を見張っていると、向こうから男がやってきた。犯人はこいつかな、と思いながら僕が見ていると、やっぱり男は通りすがりにロボット

に向かって、

「何だ、またおまえか！」

と言って、手で思い切りロボットを押した。ところが男が背中を見せた途端、お父さんが思いっきり男の尻をけった。やった！　僕はもう少しで、大声を上げそうになった。男はすごく変な顔をして振り向いたけれど、お父さんはロボットの振りをしたまま動かない。僕は思わず声をあげて笑ってしまった。

② 　男の視点

　ある晩、俺がほろ酔い加減で帰ってくると、一軒の家の前の道端にいかれたロボットが立っていた。俺は挨拶がてらロボットをちょいと押してやった。するとロボットは胸のあたりからぼろっと崩れ落ちた。うわっ、まずい、と思いはしたものの、まあいいや、こんなところにロボットを作る方が悪いのさ、と俺は納得した。

　翌日、俺がまたその家の前を通りかかると、またしてもロボットが立っていた。そこで俺はまた、奴を手で押して挨拶してやった。ところがロボットに背を向けた途端、俺はいきなり尻のあたりをドカンと蹴られた。びっくりして俺がふり向くと、そこにはロボットしか立っていなかった。俺は訳がわからなかった。確かに蹴られたような気がしたのに、いったい誰がやったんだ。家の中で、子どもが笑っているのが見えたけれど、まさかその子が蹴るわけがない。まるで狐につままれたような出来事だった。

③ 　3人称全知視点

　ある晩、モリがほろ酔い加減で帰ってくると、一軒の家の前の道端にロボットが立っていた。『おかしな奴だな。』と思いながら、モリが挨拶がてらにちょっと片手で押すと、ロボットは胸のあたりからぼろっと崩れ、地面に倒れた。モリはいささか罪悪感を持ちはしたものの、道端にロボットなんかを作る方が悪いと割り切り、そのまま立ち去った。

　翌朝、その家に住む5歳のヒロキは、昨日お父さんと作ったロボットで遊ぼうと家を出てきて愕然とした。ロボットがバラバラになって地面の上に転がっていたからだ。

「いったい誰が壊したの？」
と、言いながらヒロキが怒って泣いていると、お父さんが窓から身を乗り出して、
「ひどいな。」
とうなった。

　ヒロキとお父さんは、ロボットを壊した犯人を懲らしめようと、壊れたロボットをすっかり片付けた。お父さんが良いことを思いついたからだ。それからお父さんは、缶や箱で全身を覆ってロボットのふりをし、昨日ロボットがあった場所に立って、犯人が通りかかるのを待った。

　ヒロキが窓の影に隠れて外を見張っていると、向こうからモリがやってきた。ヒロキは、『あの男の人かな？』と思いながら、息をひそめて見ていた。すると、案の定、モリは通りすがりにロボットに向かって、
「何だ、またおまえか！」
と言って、手で思い切りロボットを押した。ところがモリが背中を見せた途端、お父さんが思いっきり彼の尻を蹴った。びっくりしてふり向いたモリが目にしたのは、その場に突っ立っているロボットだけだった。訳がわからず、ぼんやりとロボットを見つめるモリの間の抜けた顔を見て、ヒロキは家の中で思わず、「やった！」と叫び、声をあげて笑った。

3．要約

課題１：キーワード法

ジンギスカンと鷹

①ある暑い日のことでした。蒙古王ジンギスカンは、大勢の家来を連れて山へ狩りに行きました。その日は良く晴れていましたので、ジンギスカンと家来たちは夕方にはたくさんの獲物を捕らえて帰るつもりでした。ところが当てがはずれ、どんなに馬を走らせてもその日に限って、ただの一匹も捕らえることができませんでした。狩りから手ぶらで戻ったのでは王の面子が立ちません。ジンギスカンはむきになって家来の先頭に立ち、山の奥深くへと馬を進めていきました。ふと気づいて振り返ると、家来の姿は見えず、ジンギスカンはたった一人になっていました。王の馬は足が強く、家来たちは王に追いつくことができなかったのです。

しかしジンギスカンは気にもとめず、狩りを続けました。
②いつの間にか夕闇が迫っていました。ジンギスカンは無念に思いながらも狩りをあきらめてきびすを返しました。しかし、よほど深く山奥へ入り込んだのか、ジンギスカンは道に迷い、いくら探しても元の道に戻ることができませんでした。その上暑い日照りの中を一日中走り回ったので、ひどく喉が渇いていました。ジンギスカンは水を求めて泉を捜しましたが、あいにく長いこと晴天が続いていたので、それも見つかりませんでした。さすがの蒙古王も途方に暮れ、馬をとめて立ち尽くしました。
③その時ジンギスカンは、ずっと自分の側から離れないでいる忠実なお供がいることを思い出しました。それは自分の右手の握り拳に止まっている一羽の美事な鷹でした。鷹は狩りに使えるように良く訓練されており、空から獲物を見つけると矢のように急降下して、獲物に襲いかかるのです。ジンギスカンはこの鷹を、日頃からたいそう可愛がっていました。そして、道に迷って困り果てたジンギスカンは、鷹に話しかけました。
「鷹よ。私の言葉が分かるのなら、水と、そして城へ帰る道を探してきておくれ。」
すると鷹は、主人の言葉を理解したらしく、さっと羽ばたくと空高く舞い上がり、たちまち見えなくなりました。
④鷹を見送ったジンギスカンは、そのまま突っ立っているわけにもいかず、再び先へ進み始めました。そしてしばらく行くと、思いがけず崖の岩の間から滴り落ちている水を見つけました。
「ああ、ありがたい。水があった。」
ジンギスカンは喜んで馬から飛び降りました。そして鞍につけてあった狩りの袋から小さな銀のコップを取り出し、その水を受け始めました。コップに水を溜めるには長い時間がかかりました。ジンギスカンは待つのももどかしく、ようやくいくらか水が溜まると、コップを口元へ運びました。
⑤するとその時、突然激しい羽ばたきの音がして、コップが王の手からはたき落とされました。ジンギスカンは一体誰の仕業かと不快に思いながら辺りを見渡しました。するとそれは王の愛する鷹の所行でした。鷹はグルグルと何度か岩の上を旋回し、それからそこに止まりました。『不思議なことをする鳥だ。』と首を傾げながらも、ジンギスカンは再び滴り落ちる水をコップに溜め始めました。

⑥ところがいざジンギスカンが水を飲もうとすると、再び鷹が矢のように舞い降りてきて、コップをたたき落としました。王は腹が立ちましたが、ぐっとこらえ、再びコップに水を溜めました。しかし鷹は3度目もコップをたたき落とし、ジンギスカンに水を飲ませようとはしませんでした。

⑦ジンギスカンは今度こそ本気で腹を立てました。やっとの思いで溜めた水を3度も無駄にされ、ジンギスカンは鷹の訳の分からない行動を許せなくなったのです。

「憎らしい鷹の奴め。いったい何のつもりだ。喉が渇いて死にそうだというのに。今度邪魔をしたら容赦しないぞ。」

そう言うと、ジンギスカンは短刀を抜いて右手に持ち、再度コップに水を溜めて飲もうとしました。するとまた鷹が舞い降りてきて、王の手からコップをたたき落とし、そのまま舞い上がろうとしました。しかしジンギスカンはその瞬間を待っていたのです。短刀を素早く一振りし、飛び去ろうとする鷹の身体を斬り裂きました。鷹はバサバサと王の足もとに落ちてきて、やがて動かなくなりました。

⑧これでもう邪魔をするものはいなくなりました。ジンギスカンは今度こそ水を飲もうとコップを探し回りました。しかし、コップが見あたりません。鷹が突き落とした拍子に転がって谷に落ちてしまったようです。

「全く、いまいましい鷹だ。こんな風にわずかに垂れている水では、手のひらに受けることもできない。せっかくの水を、コップをなくして飲めないとは、よくよく運の悪い日だ。何が何でも水を飲んでやるぞ。」

と、ジンギスカンは不愉快そうに独り言を言いました。

⑨コップをなくしたジンギスカンは、しばらく思案しました。岩間から水が滴り落ちてくるということは、きっと岩をよじ登って崖の上に出れば、水たまりがあるに違いません。そう考えたジンギスカンは、険しい崖をよじ登り、滴の源である水たまりを目指しました。もうすっかり日が暮れていました。しかし、幸い月が出て、辺りは薄明るくなっていました。苦労して崖を登り切ると、思った通りそこには水たまりがありました。嬉しさに踊るような気持ちで水たまりに近づいたジンギスカンはすぐさま地面にひざをつき、水をすくい上げようとしました。

⑩その時、ジンギスカンは初めて何か長い棒のような物が水中に沈んでいるのを見つけました。不審に思いつつ何気なくその棒を眺めてみて、ジンギスカンは腰

解答例 231

を抜かさんばかりに驚きました。それはなんと、猛毒を持つ巨大な毒蛇の死骸だったのです。
「危ないところだった。知らずに飲んだら蛇の毒で命を落とすところだった。飲まないうちに気づいて良かった。」
ジンギスカンはほっと胸をなで下ろしました。
⑪その時、ジンギスカンはまるで電気に打たれたように身を震わせ、棒立ちになりました。自分がさっき斬り殺した鷹の姿が脳裏に浮かんだのです。
「ああ、そうだったのか、鷹は私に教えようとしたのだ。私に毒のある水を飲ませまいと、何度も何度もコップを落として知らせようとしたのだ。そうとも知らずに私は鷹を斬り殺した。命の恩人に対し私はなんて酷いことをしたのだ！」
⑫ジンギスカンは急いで急斜面を滑り降りると、殺した鷹を拾い上げ、きつく胸に抱きしめました。
「許してくれ。わしが悪かった。」
鬼をも負かすといわれた英雄ジンギスカンの目から後悔の涙が流れ落ちました。

➢ 段落ごとの要約
①山へ狩りに行った蒙古王ジンギスカンは家来とはぐれ、一人になる。
②王は道に迷い、喉が渇く。
③忠実な供の鷹に、水と城への帰路を探すように依頼する。
④王は、崖の岩間から滴り落ちる水を見つけ、コップに溜めようとする。
⑤鷹が王の手からコップを叩き落とし、岩の上を旋回して止まる。
⑥鷹は同じ行為を３度繰り返す。
⑦王は激怒し、鷹の４度目の行為の際に短刀で切り裂く。
⑧コップが見あたらない。
⑨王は崖を登り、水たまりを発見し、水をすくい上げようとする。
⑩王は水中に沈む毒蛇の死骸を発見する。
⑪王は鷹が命の恩人であることに気づく。
⑫英雄ジンギスカンは後悔して落涙する。

➢ 250字要約

狩りに行った山で蒙古王ジンギスカンは家来とはぐれ道に迷う。喉が渇いた王は、忠実な供の鷹に、水と城への帰路を探すように依頼する。崖の岩間から滴り落ちる水を見つけた王は、コップに溜めて飲もうとする。しかし鷹は3度それを阻止し、岩の上を旋回する。激怒した王は鷹の4度目の行為の際に、短刀で斬り殺す。その際コップが谷に落ちたため、王は崖を登り、水を発見する。それを飲もうとして、王は水中に毒蛇の死骸を発見する。その時王は鷹が命の恩人であることに気づき、後悔して落涙する。(231文字)

➢ 150字程度

蒙古王ジンギスカンは山で道に迷い、忠実な供の鷹に水と城への帰路を探すよう依頼する。崖の岩間から滴り落ちる水を見つけた王は、それを飲もうとする。鷹が3度阻止したので、王は4度目に鷹を殺す。ところが崖の上の水中に毒蛇の死骸を発見し、鷹が命の恩人であることに気づき、王は落涙する。(141文字)

➢ 50字程度

蒙古王ジンギスカンは、命の恩人の鷹を殺したことを知り落涙する。(31字)

課題2：因果関係法

蒙古王ジンギスカン、落涙する	なぜ？
命の恩人の鷹を殺す	なぜ？
4回王が水を飲むのを阻止する	なぜ？
王が飲もうとする水の水源に毒蛇の死骸発見	
水を発見	
喉が渇く	なぜ？
道に迷う	なぜ？
家来とはぐれ一人になる	なぜ？
山へ狩りに行く	

解答例　233

4. 説明

課題1：中華人民共和国の国旗

　中華人民共和国の国旗についても説明すべき項目は基本的に同じです。すなわち、形、模様、色などがその基本的な説明の内容です。考えなければならないのは、中華人民共和国の国旗の様子を説明する場合もフランス共和国の国旗の説明順序と同じでよいかどうかという点です。

　中華人民共和国の国旗においても、最優先項目は旗全体の形です。けれども模様と色についてはどちらを優先すべきでしょうか。この時、中華人民共和国の国旗については模様と色のうちどちらの情報が大きいかを検討しましょう。この国旗の場合、地の色が赤で、左の上端に5つの黄色い星が描かれているわけですから、情報として大きいのは明らかに地色です。そこでこの国旗の場合、①形、②地の色、③模様と色、の順で説明を行います。

課題2：アメリカ合衆国の国旗

　アメリカ合衆国の国旗の場合も、説明すべき項目は形、模様、色であり、最優先される項目は同じく全体の形です。けれども、模様と色については複雑に入り組んでいるため、単純に模様が先か色が先かで片付けることはできません。このような場合、どのようにして説明のルールを適用させればよいのでしょうか。

　星条旗の場合、大きく分けて2種類の模様が描かれています。縞の部分と星の部分です。模様の説明をする際には、旗を2つの部分に分け、一つ一つ片付けていきます。まず検討すべきは、縞の部分と星の部分ではどちらの情報が大きいのかという点です。するとこの場合大きいのは明らかに縞の部分ですので、最初にこの部分の模様と色の情報を伝達します。すなわち、「横縞が13本あり、縞の幅は均等。色は2色で、上から赤、白の順」であることを説明します。次に、星の部分の説明をします。「左上端に全体の四分の一程度の大きさの青い四角があり、この中に50個の白い星が並んでいる」というように説明すれば十分でしょう。星の並び方などについては、あまり詳細に説明するとかえって分かりづらくなりますので、あっさりと数と色のみを伝えます。

課題3：風景画

　空間配列を意識し、次のような順序でパラグラフ形式で記述します。絵は白黒のため、色の情報については括弧に入れて挿入しました。

①トピック・センテンス(TS)：
　　全体の様子：夕方の都会の川辺に座る恋人達
②サポーティング・センテンス1：構図：絵は全体に横に4分割
　　　　一番下：道路
　　　　下から二番目：川
　　　　その上：並木と高層ビル
　　　　一番上：空
③サポーティング・センテンス2：詳細説明：
・絵の一番下、あるいは一番手前には、横にまっすぐ【灰色のコンクリートの】道路が延びている。絵の中央やや左寄りに恋人達が座り、目前の川を見ている。右側には【白い】ワイシャツと【紺の】スラックス姿の男が座り、【鮮やかな赤いセーターを着た】女は男の背に寄りかかっている。彼らは上着や靴を脱ぎ、荷物を置いている。彼らの脇にはそれぞれ飲み物が置いてある。彼らの周りには、【赤】トンボが飛んでいる。
・彼らの向こうには【澄んだ】川が流れている。川の水面には空や雲、ビルが映っている。
・向こう岸には、川沿いに【緑の木々の】並木がある。その向こうには【灰色の】高層ビルが建ち並んでいる。
・中央に空いたビルの合間には、沈みゆく【茜色の】太陽があり、その向こうに【夕焼けの】空がひろがっている。空には、同じく夕陽に染まった雲が浮かんでいる。
④コンクルーディング・センテンス(CS)：全体のまとめ―TSを言い換えて再提示

課題4：主観を入れてイラストを描写する

　これは、幼い少年と少女がカメラに熱中しているほほえましい図である。左側にいる少年は、黒っぽい髪のかわいらしい少年である。はにかんだような笑顔を

解答例　235

している。サファリ・ジャケットで決めているこの少年が気にしているのは、カメラより隣の少女のようだ。この少年に寄り添うようにして金髪の少女がカメラをのぞき込んでいる。少女は愛らしい笑顔を浮かべて、少年の耳元に何かをそっとささやいているようだ。少年と仲良しの少女は、髪飾りを付けた髪を耳の上で結び、かわいいハートのTシャツとキュロットか半ズボンという活動的な姿である。2人の上には、入道雲を浮かべた夏の青空が広がり、さながら2人の明るい未来を照らしているかのようだ。

課題5：道案内
①トピック・センテンス：
　東西線泉駅にある「カフェ南風」には次のようにして行く（～への道順は次の通りである）
②サポーティング・センテンス：
・南風は、駅から約1.2キロメートル程度、徒歩で約15分
・泉駅の南口を出る
・正面に斜め左方向に向かうバス通り
・この通りの右側を歩き、最初の角を右折
　この時角に、花屋「フローリスト・バラ」がある
・曲がると商店街
　ここを突き当たりまで約1キロメートルほど歩く
・突き当たったら左折
・すぐ次の角を再び左折
　この時角の手前に、「石井歯科」がある
・80メートルほど歩くと右手に「カフェ南風」がある
　そのすぐ先に「泉教会」がある
③コンクルーディング・センテンス：
　これが「カフェ南風」への道順

5. 報告

課題1：物語から報告文へ

◇ 報告文はいきなり書かず、まず記述内容を下記に整理します：

パラグラフの部位	内容
トピック・センテンス 事件の全体像の予告	○△では、この地の王ジンギスカンが忠実な供の鷹を殺し、後悔するという事件が発生した。
サポーティング・センテンス 事件の要約	○○年6月15日、狩りに出かけた山でジンギスカン王は家来とはぐれ道に迷った。暑さと長い移動で喉が渇いた王は、自分の肩に止まっていた供の鷹に、水と城への帰路を探すように依頼した。その後、崖の岩間から滴り落ちる水を見つけた王は、コップにそれを溜めて飲もうとした。しかし鷹は3度それを阻止し、その都度、岩の上を旋回した。鷹の行為に腹を立てた王は、鷹が4度目にコップを落とした際に、短刀で斬り殺した。その際コップが谷に落ちたため、王は崖を登り、漸く水を発見した。ところがそれを飲もうとした際、王は水中に毒蛇の死骸を発見した。その時王は初めて鷹が命の恩人であることに気づいた。
コンクルーディング・センテンス 事件のまとめ ＊意見不要	信頼を置いていた鷹の所行の意味を理解できなかった王は、結果的にそれを斬り殺すこととなった。

☆この報告文はパラグラフ形式で書くため、トピック・センテンスの部分のみ1字下げ、あとは全部つなげて記述します。

課題2：新聞記事

①	場所	つばき銀行大島支店 東京都○○区大島1丁目
②	日時	○○年6月15日〔水〕　午前9時過ぎ
③	犯人	◇田口男(35歳)　無職 拳銃2挺 現金で500万円要求

④	父	△村○太(38歳)　K百貨店勤務 ＊◇田が拳銃2挺を持っていたことに気づかず ＊相手が銀行強盗だと認識していなかった ＊◇田が息子を突き飛ばしたことに腹を立てた
⑤	息子	△村○輔(長男・5歳) 銀行の入り口前でアイスクリームを食べようとしていた
⑥	銀行の状況	行員3名

一般人、銀行強盗を取り押さえる

　東京都○○区大島で、銀行を強盗しようとした男を、一般人が取り押さえた。怪我人はなく、強盗を企てた男は逮捕された。

　6月15日〔水〕、午前9時過ぎ、東京都○○区大島1丁目にあるつばき銀行大島支店の入り口前で、K百貨店勤務の△村○太氏〔38歳〕の長男○輔君〔5歳〕が、アイスクリームを食べようとしていた。無職◇田□男〔35歳〕は、○輔君を突き飛ばし、行内に侵入した。行内には、行員3名がいた。◇田は、拳銃2挺で行員を脅し、500万円を現金で揃えるよう要求した。

　一方、銀行前で泣いていた○輔君を見つけた△村さんは、息子の話を聞くと行内に入った。そして、◇田を後ろから羽交い締めにすると、いきなり背負い投げをし、床の上に転がった◇田の上に馬乗りになった。◇田は、投げられた拍子に拳銃を飛ばされた。行員達が即座に拳銃を確保して警察に通報し、◇田は銀行強盗の実行犯として逮捕された。△村さん親子、行員に怪我はなかった。

　△村さんによると、彼は◇田が、拳銃2挺を行員に突きつけ、現金を要求していたことに全く気づいていなかった。△村さんは、◇田が息子を突き飛ばしたことに腹を立て、投げ飛ばしたという。

課題3：事故の報告
① 緊急連絡
　　たった今、J大学の構内で自転車と歩行者の衝突事故がありました。至急救急車をお願いします。場所は、正門から入ってすぐ、7号館の前です。歩行

者は倒れて意識を失っています。自転車を運転していた人も藪に突っ込みうめいています。私は、4年生の〇川です。連絡先は、xxx-xxxx-xxxx です。

② 報告書

2012年6月18日(月)

<u>J大学構内における自転車と歩行者の衝突事故</u>

報告者所属と氏名

　2012年6月15日(金)、15時45分頃、J大学メインストリートの7号館前で、自転車と歩行者の衝突事故があった。事故の状況は次の通りである。自転車に乗っていた〇林△太(J大学2年生)が、かなりの高速で正門からメインストリートに侵入した。メインストリートを正門方向に向かって歩いていた△村〇美(同3年生)は、衝突時、後方から声をかけられ、前方を見ていなかった。彼女が後ろを振り向いていた様子を周囲にいた学生が確認している。衝突直前に、〇林が「危ない！」と、大声で叫んだのを周囲にいた複数の学生たちが耳にした。また、彼らは、〇林が走行中にヘッドフォンを耳につけていたのを目にしている。この衝突事故により、歩行者の△村〇美は倒れて意識喪失、一方自転車に乗っていた〇林△太は、藪に突っ込み、怪我を負った。事故を目撃した〇川〇〇(同4年生)がすぐに119番に通報をした。以上が、自転車と歩行者による事故の状況である。

6. 記録

課題

日付	〇〇年〇月〇日〔曜日〕
場所	J大学1号館15号教室
時間	15時30分〜16時
議長	部長〔沢木〕

出席者	部員 35 名
欠席者	宮内〔1年〕・椿本〔2年〕・山口〔3年〕
議題	学園祭の催し物について
議題	1. 学園祭に参加するかどうか 2. 参加の場合の催し物

結果の議事録

1. 学園祭への参加

    多数決の結果、賛成 33 名、不賛成 2 名で参加を議決
2. 催し物：　ダンス会場の開催に決定

    ①社交ダンス講習会支持者　　　15 名

    ②ダンス会場支持者　　　　　　20 名

経過の議事録

<u>1. 学園祭への参加</u>

　社交ダンス部では、学園祭への参加をめぐる採決がなされ、会議参加者 35 人中 33 人の賛成、2 名の不賛成をもって参加が議決された。

<u>2. 催し物の内容</u>

　続いて催し物についての検討がなされた。鈴木が社交ダンス講習会を提案した。その理由は、社交ダンスに興味のない人たちにそれがどのようなものなのかを知る機会を提供することは意義があるというものである。一方、内田はダンス会場の開催を提案した。社交ダンスと銘打つと躊躇する人たちが、ダンス会場なら気楽に入れるのではないかという考えからである。

<u>3. 社交ダンス講習会</u>

　鈴木の意見をまず木内が支持した。社交ダンスについては偏見を持つ人もあり、そのような人々にダンスの良さを知ってもらうには講習が良い機会だからである。これを受けて中野は、社交ダンスは一般的にその方法自体を知らない人が多い上、男子の中には社交ダンスを認知しない人もいるため、そのような人々にアピール

するという意味で社交ダンス講習会は良いアイディアであると意見を述べた。野山も賛意を示し、彼自身何気なく入部した後でダンスの奥深さを知ったと述べた。また、日本の日常生活の中ではダンスに触れる機会がないので、学園祭などで少しでも触れる機会があれば興味を持つ人が増加するのではないかと主張した。山川は野山の意見を支持し、少し触れることによって面白さを理解できることがあるので、学園祭でその機会を提供することは社交ダンス部にとっても重要だと述べた。一方中野は、学園祭には多くの人が集まるので、その機会に社交ダンスに触れる機会を提供してはどうかと述べた。また、一度ダンスをしてみたいと思っていながらも普段は別のサークルに所属している人たちに、機会を提供するのは重要だと言った。

4. ダンス会場

　議長の依頼を受け、内田が再度ダンス会場を提案した。その提案の理由は、社交ダンスと銘打つと躊躇する人たちをダンス会場になら呼び込めるのではないかというものである。これを受けて川井は、講習会を開いても興味のない人は来ないので、踊りたい人が自由に集まれる会場の方が有意義ではないかと述べた。さらに、その中で部員が社交ダンスを披露してはどうかと意見を追加した。上原がこれを支持し、人をダンス会場に呼び込んだ上で、部員が社交ダンスを披露したり、ステップを教えたりしてはどうかと意見を述べた。内田も川井たちの意見に賛同し、部員が会場で社交ダンスを踊ることにより、それを見て踊りたくなる人がいるはずだと述べた。

5. 最終決議

　議長が多数決をとった結果、社交ダンス講習会に賛成する人15名、ダンス会場に賛成する人20名となり、学園祭の催し物はダンス会場に決議された。次回のミーティングまでに各自が内容について考えてくることとなった。

第Ⅲ部　クリティカル・リーディング
1．絵の分析

課題
(この絵は実は実在の人物を描いた絵です。そのためある程度「正解」が存在します。ただし、最初は背景に頼らず、絵だけを観察し、描かれた事実から自分なりの解釈を引き出しましょう。)

✧　一目見たとき、どのような絵だと思うか？
　　・人が眠っている絵
　　・人が死んで横たわっている絵
　　・人が泥酔している絵
　　(上記3つが最もよく出てくる意見です)

✧　場所はどこか？
　　場所については2つの異なった場所についてそれぞれ別に考える
　　a)屋根裏部屋
　　・窓に高さがない
　　　窓の両脇の壁が三角形をしており、その両脇の壁が斜め前方に突き出している。これは屋根の形状と同じなので、ここには屋根がのっていると考えられる→屋根裏部屋
　　・窓外の風景から部屋自体が高い場所にある
　　　窓外の風景の上4分の3が空
　　　下4分の1の部分に横に屋根が広がっているのが見える
　　・若者の部屋らしい→一般に屋根裏部屋は狭く、天井が低いため、低所得者(学生・若者・低所得者層)が住む。
　　・以上の状況を合わせ、部屋は屋根裏部屋だと考えられる
　　b)都会
　　　窓外に屋根が連なっているのが見える
　　　都市名は不明

- ◆ 季節はいつか？

    春から秋の初めあたり―特定不能。ただし冬ではない
    - ・窓が開け放されたまま人物が眠っている―気温がさほど低くない
    - ・人物が長袖のシャツを着ており、脇に上着がある―気温がさほど高くない
    - ・花が咲いている

        花が咲く季節

- ◆ どのような時間か？

    (議論をしていて常に最も意見が割れるのが「時間」です。ここには、2つの意見を記載しておきます)

    a) 夕暮れ時
    - ・空の色―モノクロ印刷では分かりませんが、上部が紫、下部が黄色です→陽が沈みかけている
    - ・人物が眠っている
    - ・ロウソクの火が消え、煙が立っている(直前までロウソクがついていた)
    - ・部屋の中が薄暗い
    - ・人物が死んでいるのだとしたら、「落日」は人の死を象徴

    b) 明け方(こちらの意見の方が常に多い)
    - ・空の色―下部が黄色で上部が紫→陽が昇りかけている
    - ・人物が眠っている
    - ・ロウソクの火が消え、煙が立っている。ロウソクを灯さなければならないほど部屋が暗くないので、一晩中灯っていたロウソクがちょうど消えたところ
    - ・人物は死んでいて、死んだ後に何らかの理由で脚光を浴びたのではないか？ そのため朝日が当たっているのではないか？(これはしばしば出てくる意見)

- ◆ どのような人物か(性別・年齢・暮らし向き・その他)？

    a) 性別

    男・はだけた胸元が平ら

b) 年齢
　　・10代後半から20代前半(18歳程度という意見が一番多い)
　　　体つきが華奢で細い
　　　髭がない(そっている様子もない)
　　　しわがない
　　　屋根裏に住んでいる
　c) 暮らし・仕事
　　・裕福ではない
　　　屋根裏に住んでいる
　　・一人暮らし
　　　屋根裏に住んでいる
　　・何か紙と関わる仕事をしているのではないか
　　　作家・新聞記者など(ベッド脇の床にちぎられた紙がたくさん散らばっているため)

◇　人物はどのような状況か？
　ここは常に、「眠っている」と「死んでいる」で最初は意見が対立します。しかし必ず最終的には「死んでいる」で一致します。
　・死んでいる
　・ベッドに衣類を着けたまま横たわっている
　・靴が片方だけ床の上に転がっている
　・右手が不自然に肩からねじれている
　・頭が不自然にベッドからずり落ちている─生きているとしたら、眠っていたとしてもベッドから頭がずり落ちた状態では苦しくて体を支えられないはず
　・左手がブラウスを押さえている
　　苦しさに胸をかきむしったような痕が胸についている
　・右手の先に小瓶が転がっている
　　おそらく服毒自殺
　・顔が青紫になっている

・死因は紙に関係があるのではないか
　頭の下あたりの床の上に粉々にちぎられた紙が落ちている
　男にとって死にたくなるようなことがその紙に書かれていたのではないか

✧　絵の中に象徴的に描かれた物はあるか？
　　それは何を表しているか？
　　　a) ロウソク
　　　　火が消える→命の火が消える
　　　b) 窓辺の花
　　　　花の花弁が窓枠に落ちている→人の死

　上記は、これまで多くの高校生、大学生、社会人たちとこの絵を分析して出てきた結果をまとめたものです。最終的にこの絵の分析の結果出てくるのは、次のような解釈です。

> 　都会に出てきた18歳くらいの若者が、「紙」を仕事にして生きようと孤軍奮闘した。しかし夢は破れ、彼はついに服毒自殺を図った。ところがその死後、彼の仕事は認められ、彼は光の当たる存在となった。

　このような解釈が正しいかどうかについては、自分で下記のインターネットのサイトを確認してみて下さい。
参考：http://en.wikipedia.org/wiki/Thomas_Chatterton
　なお、ブレーヴァーマン博士(イエール大学)によれば、頭の落下と肩のねじれは、医学的にそのままにして眠れるものではないそうです。私の教室では常に、男子に協力してもらい、机の上に横になり、同じ動作をしてもらっています。すると、頭に血が上って来てとても耐えられないと被験者の学生はすぐに音をあげます。こうして学生たちは自分たちの推論に納得します。

2. テクストの分析と解釈・批判（クリティカル・リーディング）

課題 1
- 突然隣家に怒鳴り込むという行為によって、少なくとも隣人は、男が変人、あるいは精神的に問題ありと見なすようになる可能性がある。この隣人が周囲にこの話をすれば、周囲の人々も男を同じように見なす可能性がある
- 突然隣家に怒鳴り込むという行為によって、男は自分の社会生活に大きな損害を与えることになる。その理由として考えられるのは、何の落ち度もないのに、いきなりわけのわからない怒りをぶつけられた隣人は、男に対して腹を立てたり、恐怖心を持ったりし、それを周辺の人々に伝えたり、場合によっては病院や警察などに相談する可能性もあり得る。すると、周囲の人々は男を「変人」あるいは「奇異な人物」と見なすようになったり、場合によっては警察などが調べに来たりすることもあり得る。こうなると男がその後状況を説明したとしても、完全に社会的信頼を取り戻すのは困難である。

課題 2
（略）
いや、しかし待てよ。勝手に思い違いをしているのは本当にあいつだろうか。思い違いをしているのは、本当は俺の方なのではないだろうか。もし誰かが俺に工具を貸してくれとやってきたら、俺はすぐさまそれを貸すだろう。あいつが、そうしないという理由はどこにあるのだ？　あいつは外で会うと、いつも俺に挨拶するではないか。あいつが俺とすれ違って挨拶しなかったことがこれまで一度だってあっただろうか。よく考えてみろ。昨日だってあいつは俺に挨拶してくれたじゃないか。それからさらに彼は考える。俺は今絵を壁に掛けたい。ところが金槌がない。金槌は、ちょっと借りたくらいで痛むようなものでもない。きっと隣人は俺に金槌を貸してくれるだろう。ここで勝手なことをグルグルと思案していても仕方がない。とにかく隣に行ってみて、丁寧に頼んでみるまでだ。……そこで彼は隣家を訪ね、ベルを鳴らす。隣人が扉を開け、男を見て「こんにちは」と言うと、彼は愛想良く笑顔を作って挨拶をし、そして言った。「ところで俺は壁に絵を掛けたいと思ってね、釘は見つかったんだが、どうしても金槌が見あたら

ないんだ。すまないが、金槌を一日拝借できないだろうか。」

課題3
(下記の分析は、あくまでも参考です。自分で文章を深く読み、自分なりの意見を探し出しましょう。その際、必ず根拠に基づくことが重要です。)

1. パウルはどのような人物か？
    家族・年齢・職業・教養の水準
    ◇ 家族：結婚している―妻ヒルデガルド
        子供が複数いる―「子供たち」(43)
    ◇ 年齢：不明―若い可能性がある
        子供達が幼いから
        ―子守として大人がいる必要がある年齢
        ―9時半に帰宅したヒルデガルドが「子供たちは眠っている？」(43-44)
            と確認＝早くに眠る＝幼い
    ◇ 職業：不明
        知的な仕事をしている可能性が高い
        「彼は万年筆を買っていた」(1)
    ◇ 教養の水準：少なくとも3カ国語を理解する
        「フランス語の説明も読み、英語とドイツ語の説明を比較し」(39)
2. ヒルデガルドの夜の外出は初めてか？
    ◇ 彼女は教会のコーラスのメンバー―「リハーサル」(18)に参加しているから
3. パウルはどのような状況にいるか？
    ◇ 子供達が寝静まった家で、テーブルに一人向かっている
        基本的に「彼(パウル)」の描写が記述されている
        ヒルデガルドは「9時半には」「帰宅するはず」(19)
        「子供たちは眠っている？」(43-44)と帰宅したヒルデガルトが尋ねている
    ◇ 彼は退屈している
        万年筆をもてあそんでいる
        南アメリカに行くことを夢想している　他

解答例　247

4. 第2段落(2〜10行)を、声を出して読んでみよう。読む際には、読点で間を開けよう。この部分の記述の特徴から、主人公のどのような心情が読み取れるか？
   ◇退屈・怠惰
     読点が何度も繰り返され、文がダラダラと続くため
5. 改行の多さに着目し、その後の空白の意味を考えよう。
   ヒント：改行後の空白を適当な文字などで埋め、それを心の中で読んでみよう。あなたが心の中でそれを読む間、時間は止まってくれるだろうか？
   ◇改行後に空く空白は、時間の経過を表現する
     パウルの思考が途切れ、無益に時間が流れる様子が空白で表現されている。
6. 繰り返される表現に着目しよう：
     彼はそこに座りつづけた(12)
     彼はそこに座ったまま(37)
     座っていた(42)
   「サンサルバドル」の原文はドイツ語で書かれている。この言語では、文には必ず主語が必要である。ところが42行目には原文にも主語がない。この意味を、その後に続く改行による空白と併せて考えてみよう。
   ◇1回目と2回目に、「彼」はまだ存在する。しかし、3回目になると、「彼」の肉体はそこに「座って」いるものの精神はどこかに浮遊し存在しない。
7. パウルとヒルデガルドの夫婦関係はどのような状態か？
   【正解があるわけではないので、自由に考えてよい。ただし、必ず記載された根拠に基づくこと】
   ◇あまり良好ではない
   ―パウルは、「僕にはここは寒すぎる」「僕は南アメリカへ行く」(5)と、万年筆で紙の上に書く
   ―ヒルデガルドは夫の不在に気づき、「洋服ダンスの中のシャツの数を数え」(28-29)、彼の行きつけの「「ライオン」に電話をする」(30)ものの、「絶望し、それを受け入れるだろう」(32-33)と、パウルは予想している
   ◇そう問題があるわけではない
     パウルは結局、ヒルデガルドの夜の外出を許し、子供たちの子守をしてい

る．彼は暇つぶしに様々な考えを頭の中で巡らしているだけ

第IV部　作文技術
1．基本技術

添削課題1

> 　狐と狸が、饅頭を3つ見つけました。狐が1つ食べると、狸も食べました。饅頭が1つ残りました。すると、狐がさっと掴んで、パクッと食べてしまいました。狸は怒って、「ずるいよ！」と言いましたが、狐は「あばよ！」と言って、長い尻尾を振りながら、さっと逃げて行ってしまいました。残された狸は、恨めしそうにその後ろ姿を見送り、やがてすごすごと帰りました。『今頃狐は、巣穴に戻って舌鼓を打ちながら、饅頭を食べているんだろうなあ。』と、狸は思いました。

注：「の印を入れた箇所は、改行すべき箇所。

添削課題2

> 　昔々、真実と偽りがばったり道で出会いました。真実は見るからに顔色が悪く、暮らしに困っている様子でした。それでも真実は持ち前の誠実さから偽りに挨拶をしました。すると、「やあ、調子はどうだい。どうやらあまり芳しくなさそうだね。」と、偽りは真実に尋ねました。真実は偽りの挨拶を受けて、「そうだね。残念ながら調子がいいとは言えないよ。こう世知辛いご時世じゃ、私のような者には生きるのが難しいね。」と言いました。偽りは、真実の身なりを上から下まで眺め回してみました。真実はこざっぱりと身なりを整えてはいましたが、服は着古され、靴には穴が空きそうでした。真実の身体はやせこけ、顔は土気色で、しばらく十分な食事を摂っていないのは明らかでした。「なるほど。見たところろくなものを食べていないようだ。何だってそんな状況になってしまったんだい。」と、偽りは訊きました。すると、「これだけ状況が厳しくなってくるとね、生き延びるのに必死で、清く正しく生きよう、などと説いたところで誰も私の話など聞きはしない。食べ物が誠実に勝ってしまう、と言うわけ

解答例　249

> さ。一体どうして生きていったらよいのやら、途方に暮れているところだ。」と、**真実**はため息をつきました。これを聞いた偽りは言いました。

添削課題3

> 食べ盛りの兄弟の間で食べ物を巡る争いが起こるのは珍しいことではない。須藤家の中学生の兄弟についても事情は同じである。ある日**母**が巻き寿司を買って帰宅すると、2人は大喜びで飛びついた。兄がまず1つを口に放り込むと、弟も負けまいと手を出した。2つ目を口に放り込んだのは、弟の方が早かった。むろん兄も負けてはいない。ところが最後に1つ残った。すると**弟は**わざとお茶をこぼし、**兄が**それに気にとられている間に、**弟は**素早く残りの1個を口に放り込んだ。兄は怒って文句を言った。しかし後の祭りである。最後の1個は既に弟の食道を通過中だった。

2. パラグラフ

課題1

(1) 三女の華がどんな風に人に頼るのかが書かれている
　　三女の華の性格(個性)が書かれている　他
(2) 一致しない
(3) トピック・センテンス：
　　<u>橘家の三姉妹の性格は三人三様である。</u>
　　　橘家の三姉妹の性格は三人三様である。長女の薫は気丈で、面倒見がよい。一方、次女の渚は、常に自分のことが優先で、周囲の状況にあまり関心を示さない。三女の華は、すぐに甘えて人に頼ろうとする。このように同じ親から生まれても兄弟姉妹の性格は異なるものである。

課題2

①私はこれから今年の夏休みについて説明する—×
　夏休みの何について説明するのかが不明

②大学生活の過ごし方はその後の人生を決定づける―○
　どのような理由でその後の人生が決定づけられるのかが記述されているのだろうという内容の予測可能
③私はテニス部に入っている―×
　テニス部に入っているからどうなのか？　曖昧すぎて内容の予測不可能
④夏休みの久米島の旅は印象深いものだった―○
　久米島の旅が印象深かった理由が提示されると予測可能
⑤携帯電話は一種の電話である。―×
　だから何？　携帯電話の何について記述されるのか予測不可能

課題3
①優等生である理由、優等生としての成果や人柄　他
②どのように「ひょうきんでお調子者」なのか
　「ひょうきん」「お調子者」と判断され、表現される原因　他
③サッカーにどのように夢中なのか
　どの程度サッカーの練習をしているのか？
　どんな選手に憧れているのか？　他
④「素晴らしい経験」の中身は何か？　他

課題4
①携帯電話は、様々な機能を持つ持ち歩き可能な電話である。
　携帯電話は、人間の生活を便利にした。
　携帯電話の普及は、公衆電話の減少に繋がった。
　携帯電話は、小学生以下には持たせるべきではない。
　携帯電話に、ゲームなどの機能を搭載すべきではない。　他
②読書は、人に様々な知識を与える。
　読書は、言葉の能力を向上させる。
　読書を通して、人は様々な人間の人生を追体験できる。
　読書は、人の人生を豊かにする。　他
③私にとっての大切な宝物は、父から譲られたピアノである。

宝物は、他人に対して秘密にしてこそ価値がある。

　私の宝物は、中学時代のテニスラケットである。　　他

これ以降の課題は、本文に例文を入れているため、「解答例」は省略します。

[著者紹介]

三森ゆりか（さんもり・ゆりか）Yurika Sammori

つくば言語技術教育研究所所長。東京都生まれ。上智大学外国語学部ドイツ語学科卒業。株式会社丸紅勤務後、上智大学文学部博士前期課程中退。1984〜1988年に外交官の子弟を対象とするドイツ式作文教室、1990年に「つくば言語技術教室」（現「つくば言語技術教育研究所」）を開設する。現在は同研究所の他、日本サッカー協会、日本オリンピック委員会、学校、大学、企業などでも講師を務める。平成17年度文科省読解力向上に関する検討委員会委員、平成18/19年度言語力育成協力者会議委員、平成22年度文科省コミュニケーション教育推進会議教育WG委員。平成21年より（財）ソニー教育財団評議委員。主要著書：『論理的に考える力を引き出す』、『絵本で育てる情報分析力』（以上、一声社）、『子どものための論理トレーニングプリント』（PHP研究所）、『外国語を身につけるための日本語レッスン』、『外国語で発想するための日本語レッスン』（以上、白水社）、『サッカーのためのロジカル・コミュニケーションスキルアップブック』（ベースボールマガジン社）、「ビジネスパーソンのための『言語技術』超入門」（中公新書ラクレ）、他多数。

[執筆協力]

三森利昭（さんもり・としあき）Toshiaki Sammori—第V部執筆

元独立行政法人森林総合研究所勤務。現つくば言語技術教育研究所取締役。1981年京都大学農学部卒。農学博士。

つくば言語技術教育研究所　https://members.jcom.home.ne.jp/lait/index.html

大学生・社会人のための言語技術トレーニング

© Yurika Sammori, 2013　　　　　　　　　NDC810／x, 252p／21cm

初版第1刷	2013年4月20日
第8刷	2022年9月1日

著者	三森ゆりか
発行者	鈴木一行
発行所	株式会社 大修館書店

〒113-8541　東京都文京区湯島2-1-1
電話　03-3868-2651 販売部／03-3868-2293 編集部
振替　00190-7-40504
[出版情報] https://www.taishukan.co.jp

装丁者	井之上聖子／イラスト――ますこひかり
編集協力	日髙美南子
印刷所	壮光舎印刷
製本所	難波製本

ISBN978-4-469-21343-0　Printed in Japan

Ⓡ本書のコピー、スキャン、デジタル化等の無断複製は著作権法上での例外を除き禁じられています。本書を代行業者等の第三者に依頼してスキャンやデジタル化することは、たとえ個人や家庭内での利用であっても著作権法上認められておりません。

文章の勉強　フレッシュマンの日本語技法

前田　巍　著
四六判・290頁　定価1,980円（本体1,800円＋税10％）

文章のレッスン

前田　巍　著
四六判・344頁　定価2,200円（本体2,000円＋税10％）

敬語表現

蒲谷　宏・川口義一・坂本　惠　著
四六判・250頁　定価2,420円（本体2,200円＋税10％）

翻訳の原理　異文化をどう訳すか

平子義雄　著
Ａ５判・234頁　定価1,980円（本体1,800円＋税10％）

大修館　最新国語表記ハンドブック

大修館書店編集部　編
四六判・256頁　定価770円（本体700円＋税10％）

大修館書店